AF509168

LA

VIE ARTISTIQUE

DU MÊME AUTEUR:

Notes d'un journaliste. . . . . 1 vol

Pour paraître prochainement :

L'Enfermé.
L'Apprentie.
Le Cœur et l'Esprit.
Pays d'Ouest.

En préparation :

Traité de l'Inutile (en collaboration avec Louis
Mullem).

GUSTAVE GEFFROY

LA
VIE ARTISTIQUE

Préface d'EDMOND DE GONCOURT

Pointe sèche d'EUGÈNE CARRIÈRE

Première série

Le Sarcophage égyptien — Edouard Manet
Claude Monet — Eugène Carrière
Auguste Rodin
Camille Pissarro — J.-F. Raffaelli — Meissonier
Puvis de Chavannes — J.-B. Jongkind
Whistler
L'Art Japonais — Salons de 1890 et de 1891
etc., etc.,

PARIS
E. DENTU, ÉDITEUR
LIBRAIRE DE LA SOCIÉTÉ DES GENS DE LETTRES
3, Place de Valois, 3

1892

(Tous droits réservés)

A MAURICE HAMEL

Te dédier des chapitres de critique d'art, mon ami, c'est vouloir offrir des fleurs à un jardinier. Mais c'est pour moi l'occasion d'inscrire un hommage à ton intelligence de lettre, à ta vie desintéressée, toute aux idées et aux sentiments. Et toi, tu sauras ne voir dans ces pages que des sensations d'exis- tence et des confidences de sensibilité. Heu- reux si j'ai pu fixer, pendant l'instant d'un livre, le souvenir de notre compagnonnage à travers le monde social et la poésie des choses, si j'ai pu te donner, par l'art et la littérature, un temoignage de ma frater- nelle affection.

GUSTAVE GEFFROY.

PRÉFACE

I

— *A quoi pensez-vous, mon ami, de me demander une préface pour* LA VIE ARTISTIQUE?... *Je suis au fond un critique vieux jeu, un amateur de la peinture au bain d'huile, où le temps fait de la cristallisation, de la peinture à la façon de Rubens, de Watteau, de la peinture transparente, de la peinture avec des profondeurs... et je ne vois, pour ainsi dire, à l'heure qu'il est, que de la peinture plâtreuse, dartreuse, qui s'efforce d'imiter la peinture à la détrempe... Vous savez si j'aime* la peinture japonaise, mais enfin la peinture à l'eau, avec renfort de gouache, de colle, ou de n'importe quoi, est un procédé inférieur, incomplet, insuffisant, un procédé de peuple primitif : pourquoi y revenir?... Puis vraiment, mon ami, depuis nombre d'années, j'ai trop vécu dans la peinture du dix-huitième siècle, dans la peinture de l'Extrême-Orient ; je me suis tenu trop à l'écart de la peinture moderne, pour en parler avec autorité.

Geffroy restait debout, devant moi, avec la tendresse sourieuse de son regard, en même temps qu'une moue d'enfant contrarié venait à ses lèvres.

— Une préface, une préface... Mais qu'a besoin d'une préface d'un quelconque, LA VIE ARTISTIQUE ! Vous êtes l'écrivain — je le dis tous les jours — qui avez la plus admirable langue picturale, une langue colorée juste au point qu'il faut, une langue à la fois poétique et technique, et une langue charriant des idées dans de la clarté : — enfin le plus beau français moderne qui soit. Votre Sarcophage égyptien, un petit chef-d'œuvre, et la description de la déesse Nephthys est une description, que je vous envie. Dans l'Olympia de Manet, il y a toute une originale histoire philosophique de la chair parisienne de ce corps. Que de pages savamment japonisantes sur les peintres japonais ! Votre Salon de 1890 est, tout du long, de la haute et intelligente critique. Et vous parlez de Rodin, de Carrière, de Whistler, de Jongkind, de Monet, de Renoir, de Puvis de Chavannes, de Pissarro, de notre ami Raffaëlli, beaucoup mieux que je ne peux en parler.

— *Enfin, vous me refusez ?*

— *Que le diable vous emporte!... eh bien ! non, je n'en ai pas le courage, puisque vous insistez ; mais tenez, alors, je ferai un petit bout d'étude sur Carrière, que les hasards des rencontres de la vie m'ont fait connaître un peu plus que vos autres peintres, et qui pour moi, dans la modernité, continue le plus habilement la tradition de la grande peinture ancienne.*

II

A quelques jours de là, Carrière se trouvant brosser une étude pour mon portrait, pendant qu'il me faisait poser, je l'interviewais sur la formation de son talent, et voici à peu près ce qui ressortait de ses paroles, coupées par des coups de brosse, donnés comme avec un bâton de chef d'orchestre, coupées par des regards pénétrants, qui me semblaient pomper ma vie.

Une jeunesse passée jusqu'à dix-huit ans à Strasbourg, sans l'ouverture des yeux, sans la fréquentation du Musée, sans le regard amoureux sur les tableaux. Les délicates et mystiques peintures de Martin Schœn, à l'église Saint-Pierre-le-Vieux, il ne s'apercevra de leur présence que lorsqu'il repassera plus tard à Strasbourg. A dix-neuf ans, où son existence est transportée à Saint-Quentin, devant cette salle garnie, de haut en bas, de plus de quatre-vingts têtes de La Tour, devant ce stupéfiant musée, paraissant avoir gardé toute vive, contre ses murs, la vie d'une société morte, il y a en lui, pour la première fois, un éveil du peintre jusqu'alors sommeillant, et peut-être ces préparations d'un des plus grands dessinateurs de la figure humaine, lui inspirent l'amour de la construction, que plus tard il apportera dans ses portraits. Alors l'année qui suit la guerre de 1870, où il est prisonnier en Allemagne, et étudie sérieusement le Musée de Dresde, et le faire et les procédés des Maîtres anciens. Puis encore les années allant de 1872 à 1876, passées à l'École des Beaux-Arts, où il était déjà avant la guerre, années passées là sans grand fruit, sans résultat bien appréciable. Enfin cinq années de retraite, dans un coin perdu, à Vaugirard, où, femme et enfants pour modèles, sa vie est une vie de travail du matin au soir, et encore bien avant dans la nuit, une vie de

travail acharné, sans trêve, sans repos, avec, en ce travail, quelque chose
de passionné, de fiévreux, de jouis-
seur, qui lui fait dire que, pour lui,
travailler, c'est faire la noce.

III

C'est en ce labeur d'intérieur et de
famille que s'est formé le talent de
Carrière. Là, à Vaugirard, la Maternité divine, le motif religieux qui
s'étale sur toutes les toiles de la vieille
Italie, depuis Cimabue jusqu'à Raphaël, lui, l'a repris, et en a fait le
sujet bourgeois de la Maternité moderne, avec des grandeurs sœurs de
l'autre. Certes ce n'est plus la maternité tranquille et reposée des époques
de foi, c'est la maternité du siècle du

pessimisme, c'est la maternité aux pensées noires de la mère, appartenant toujours à l'inquiétude, et dont les étreintes anxieuses, et l'enroulement inquiet des bras autour du corps de son enfant, semblent perpétuellement en défense contre la maladie et la mort.

I V

Puis Carrière n'est pas seulement le peintre de la Mère moderne, c'est un grand portraitiste, le portraitiste de Daudet, de Verlaine, de Geffroy, de Dolent, etc., etc., un peintre, dont la pensée est préoccupée, tout le temps qu'il peint, de l'intellectualité habitant les formes qu'il représente sur sa toile, et ces formes, il les cherche, il les caresse, il les construit, à la façon d'un sculpteur qui modèlerait dans une terre sans épaisseur. Et alors qu'il donne à ces figures une réalité presque sculpturale, en même temps il enveloppe, il estompe cette réalité de cette coloration aimée par lui, de cette coloration presque tenue dans le noir bistré et le blanc, de cette coloration où, dans le léger barbotage du pinceau, dans le miroitement des lumières et des ombres, qu'on dirait mouvantes, dans l'éclaircie presque d'un clair de lune parmi de rousses ténèbres, il apparaît monter un peu de l'âme du modèle sur la matière de son visage. Oui, c'est une transfiguration toujours poétique et parfois un peu fantastique d'une figure.

Mais tout amoureux que Carrière peut être du clair-obscur de la vie vivante, et tout méprisant qu'il se montre parfois, dans la conversation, pour le claquant de la couleur, le coloriste qui a peint la belle tête de femme de trois quarts, exposée, il y a quelques années, chez Boussod et Valadon, ne doit pas se confiner dans la grisaille, quelque savant et artistique parti qu'il en tire.

V

Je suis dans l'atelier de la villa des Arts à Batignolles, et je regarde.

Ce sont, sous mes yeux, au mur, sur des chevalets, des esquisses de têtes de femmes, rosées de la pâleur d'une rose-thé fleurie à l'ombre, des vivantes, comme vues dans l'évanouissement de leur couleur terrestre ; ce sont de petites faces d'enfants, aux prunelles de diamant noir, dans l'indécision noyée de leurs traits, dans la coloration lactée de leur chair; ce sont, dans des pots de jardinier, des fleurs aux tons mourants, et de vagues dessertes de tables, montrées dans le crépuscule d'une grisaille : des natures mortes un peu hoffmannesques; ce sont les douze écoinçons des six dessus de portes de l'Hôtel de Ville, que Carrière vient de peindre : ces douze corps de femmes, en le contournement élégant de leur repos nu, en la rocaille de leur grâce, ce sont des choses d'hier et des choses d'aujourd'hui : l'ébauche de Mullem, brossé, balafré, égratigné en quelques heures, l'ébauche d'un enfant du peintre, mort d'une diphtérie, où l'on sent l'influence de Velasquez, en ses premières œuvres.

Et ce sont encore des feuilles, des feuilles de papier, — pour ainsi dire, les études de la *Caresse maternelle,* — et où un trait de sanguine ou de fusain a fixé des mouvements de tendresse : l'enroulement de bras autour d'un cou, l'écrasement d'un baiser sur une joue, des errements de mains tremblotantes autour d'un petit corps aimé... Ah, des mains ! ah, la main ! ce morceau de l'être, qui dit et raconte tant de choses sur lui ! des mains, il y en a là, dans les tiroirs, des brassées, — et toujours en la surprise de toute leur éloquente mimique. Car Carrière est un dessinateur passionné de la main, comme l'ont été Watteau et Gavarni, et dans le portrait qu'il fait, même en un cadre resserré, cherche-t-il le plus souvent à côté du visage de l'homme, à y placer sa main !

A travers la succession des toiles, les morceaux de carton colorés, des feuilles de papier crayonnées, que Carrière me fait passer sous les yeux, mon regard va, tout le temps, à la grande machine, à la toile posée à terre, qui prend tout le fond de l'atelier.

C'est son exposition de l'année prochaine, c'est la composition dans laquelle le portraitiste et le peintre de la mère moderne va montrer son talent, dans des proportions historiques, sous une forme nouvelle, va nous donner du Paris contemporain, avec une humanité, à la fois étudiée par un peintre et par un observateur littéraire. Oui, dans le vague de l'esquisse, dans le brouillard bitumeux de la grisaille, où çà et là, un trait de craie arrête la silhouette d'une figure, enfin dans cette apparence figée d'un rêve, que met sur une toile la tâtonnante recherche d'un pinceau, en la première idée d'un peintre : voici le théâtre de Belleville.

L'étude est prise des secondes galeries, en sorte que la vue puisse descendre au parterre, monter au paradis. D'abord quelques gros dos attentionnés, avec des têtes aplaties sur la rampe ; ça, presque aussitôt coupé par un groupe debout, où une femme, le bras couché au-dessus de sa tête, et touchant le plafond, semble une robuste cariatide qui le soutient ; et au delà de ce groupe, court le tournant de la galerie, qui revient à gauche devant vous, jusqu'au montant de la scène, avec son monde d'hommes et de femmes, tassé, serré, pressé, entré les uns dans les autres, tandis qu'à droite, vous avez la tumultueuse foule de l'amphithéâtre, mêlée dans une de ces confusions, grouillantes à la **Goya**, en ses lithographies de la Tauromachie.

Et cette salle qu'il veut, lors de l'achèvement de la peinture, éclairée d'une double lumière, d'une lumière argentine à gauche, d'une lumière dorée à droite, lumière où transpercera le rouge de la tenture, il en montre l'effet harmonique sur deux longues et étroites pancartes.

Puis, tirant de je ne sais où, une carte du graveur à l'eau-forte Boutet, une enveloppe de lettre de faire-part de mort, où, un soir, là, à Belleville, sur les bouts de papier qu'il avait dans sa poche, le peintre a cherché à instantaniser, en quatre coups de crayon, des mouvements de nature, des poses, des attitudes du peuple au spectacle, il se met à parler, les yeux brillants, dans une espèce d'hallucination fiévreuse, de la « bête humaine », dont il veut peupler sa toile ; de cette plèbe fermentante, qu'il rêve d'y mettre, et de ces mâles vivants de la barrière, et de ces faubouriennes à la beauté sauvageonne, enfin de ces rudes et ingénus spectateurs, sous le coup de l'empoignement d'un gros drame, — et il se laisse aller à dire les frissons de joie qu'il aura à réaliser cette puissante, cette intelligente œuvre moderne.

EDMOND DE GONCOURT.

Auteuil, 15 juin 1892.

LA VIE ARTISTIQUE

1890-1891

I

LE SARCOPHAGE ÉGYPTIEN

20 juillet 1891.

Ces jours de soleil de juillet et d'août sont les jours d'accalmie de l'existence des grandes villes. Il y a un temps de répit dans les régions habituellement soumises à tant d'agitations et de remous, et ce répit coïncide avec la fermeture des classes et l'entrée des élèves en vacances. Faut-il voir là une preuve de la survivance perpétuelle de l'écolier chez l'homme? Toujours est-il que le mouvement journalier s'arrête par-

tout à la fois dans les milieux où cet arrêt
est possible. Le magistrat dépose le glaive
et la balance. L'acteur s'en va aux champs.
La politique s'arrête. Il n'y a pas — événement extraordinaire! — d'exposition de
peinture. Les polémiques des journaux deviennent molles. Les gens de lettres semblent se dérober aux interviews.

C'est le bon moment, sans doute, où l'on
peut réfléchir avec quelque impartialité aux
incidents de la saison et à l'ensemble de la
vie qui a été vécue pendant l'hiver et le
printemps et qu'on revivra à la fin de l'au
tomne, cette année, et l'année suivante, et
les autres années, dans un recommencement aussi régulier, aussi périodique, aussi
semblable que la course de la terre et la venue des saisons. Oui, mais quelle est, cette
fois, la conclusion passagère ? En quel mot,
— les Chambres parties, les théâtres clos,
le Salons de peinture fermés, les enquêtes
littéraires terminées, — en quel mot peuvent
se résumer les tendances actuelles, peut
s'affirmer l'état d'esprit de l'humanité civi-
lisée ?

Autrefois — vers 1865 — les Goncourt
ont cru reconnaître que la maladie du temps
était la Blague. Aujourd'hui, en 1891, n'ap-
paraît-il pas que cette maladie est la Réclame, et ne nous fera-t-elle pas regretter
la Blague ? Car cette Réclame est terrible-
ment organisée, étonnamment sérieuse,
âprement méthodique. — Voulez-vous la
voir brusquement apparaître, par antithèse,
telle qu'elle est, envahissante, démesurée ?
Allez regarder le sarcophage égyptien du
musée du Louvre. C'est ce sarcophage qui
est le point de départ de ces réflexions, par
une naturelle association d'idées, et je suis
allé le revoir.

On ferait bien de se diriger vers lui de
temps à autre, quand la bataille des intérêts devient trop ardente, quand la poussée est trop brutale. Ce sarcophage est apai-
sant pour tous les hommes de bonne foi
qui iront tourner autour et regarder dedans,
sous le couvercle exhaussé. Il apparaît surtout impossible que ceux qui ont fait
de la pensée et de l'art les principales

affaires de leur existence n'acceptent pas l'enseignement dédaigneux et doux, hautain et tranquille, inclus en ce solide coffre de basalte qui a traversé les siècles.

Ce sarcophage est au Louvre, dans la galerie des Antiquités égyptiennes, salle du rez-de-chaussée. On y accède immédiatement par le guichet de Saint-Germain-l'Auxerrois. Il y a bien d'autres merveilles dans cette salle, et l'après-midi peut passer vite entre ces murs sévères, sur ces dalles où s'allongent les sphinx, où se dressent les silhouettes de granit rose. Il est très célèbre, et à bon droit, dans le monde des égyptologues, ce monument d'époque disparue qui devient inopinément un chapitre de l'histoire parisienne. C'est, dit M. de Rougé en sa notice, le chef-d'œuvre de la gravure égyptienne de l'époque saïte. Il a une hauteur totale de 1 m. 20, une longueur de 2 m. 85, une largeur de 1 m. 24. Dans ces dimensions restreintes, toute une race revit, une conception de la vie et de la mort s'affirme, une leçon d'humanité, de nature et d'art se mêle fièrement à l'odeur mélancolique de la fine poussière du passé.

Ce qu'elle donne à entendre, cette leçon, c'est qu'il peut exister un art fait, non pour être vu, mais pour être caché, dérobé à tous les regards, enfoui aux profondeurs, et que cet art peut être aussi tendre et aussi grandiose, aussi profondément expressif, aussi hautement significatif que les œuvres d'orgueil exhibées en pleine lumière, érigées devant les foules en succès d'apothéose. Jamais, non, jamais il n'a été fourni une preuve plus évidente de repliement de pensée, de forte vie intérieure. Jamais ne sont mieux apparues la passion désintéressée de la beauté, la jouissance intime ressenties par le faiseur de chefs-d'œuvre.

Un prêtre, nommé Taho, fut inhumé dans ce creux, Taho, basilico grammate, prêtre d'Imhotep, fils de Ptah. Sur la face extérieure de l'enveloppe de pierre, des scènes de légendes montrent les zones nocturnes où circule l'âme défunte. Le serpent, la barque du soleil, Osiris, Horus, le châtiment des coupables, la série des Heures, la naissance du scarabée, ont été incisés dans la pierre. Les personnages défilent, stationnent, se mêlent aux emblèmes, toute une existence active et fantastique apparaît.

A l'intérieur, c'est une vie différente, un séjour de calme, des personnages de solitude, des visages de mystère.

Sur les parois, les déesses Nephthys et Isis, l'une au chevet, l'autre au pied, toutes deux acroupies en de légères attitudes de suprème élégance, étendent leurs ailes au repos, de longues aides rapides de beaux oiseaux de proie. Sur les côtés, des génies célestes se dessinent en attitudes protectrices. Et voici, maintenant, les deux œuvres que l'artiste crut dissimuler à jamais.

Au fond de la cuve, la déesse qui reçoit le défunt : une jeune déesse vaguement souriante, le visage doux, presque enfantin, d'une expression aussi indéfinissable que les visages des femmes de Vinci. Mais ce n'est pas le trouble voluptueux des époques finissantes. C'est une rêverie instinctive faite pour éclairer doucement l'obscurité, c'est

une aurore de grâce à peine pubère qui se
lève, et qui cesse presque tout de suite, aussitôt couchée dans la nuit de la tombe.
Le regret ne voltige pas sur cette bouche
vivante, n'assombrit pas ce délicieux regard. Cette longue fillette qui est étendue là,
de profil, ouvrant les bras au nouveau venu,
ses longs bras minces, souples comme des
tiges de fleurs, s'avance, donne la sensation d'une marche heureuse dans la pierre
où elle est encastrée, tout son léger corps
en mouvement rythmique, enfermé dans
cette admirable gaine du dessin égyptien,
d'où l'art grec devait faire déborder la plénitude des formes.

Sur ce corps doucement tressaillant, sur
cette chair qui fleurit dans la pierre, on déposait le mort, la momie embaumée, étroitement enveloppée de bandelettes, enfermée dans la boîte couverte de signes, ornée
de coloriages... Et une autre compagne
était encore donnée à ce prisonnier éternel
de la tombe.

Au-dessus de lui, sous le couvercle, une
seconde déesse, la déesse du Ciel, les bras

en l'air soutenant une circonférence, est
doucement modelée dans la dure matière.
Elle est longue et fine plus encore que sa
sœur, la déesse de l'accueil. Elle a les jambes souples, les pieds minces, les mains
étroites, des petits seins naissants, le ventre
ferme, à peine marqué en relief au ras de
la pierre. Le visage, de face, est sérieux,
mortuaire, les yeux grands ouverts, avec
une expression extraordinaire de jeunesse
et de fatalité.

Elle était là, dans la pensée de l'artiste,
pour toute l'éternité. La déesse et la momie
devaient se regarder sans cesse, dans le
noir du tombeau, avec des yeux qui ne
voient pas, et se chuchoter les confidences
ignorées avec des lèvres qui n'ont plus de
paroles. Ces Égyptiens croyaient que l'existence se continuait dans cette auge de pierre
où l'on déposait le corps. C'était là, cette
maison des morts, la « demeure éternelle ».
La maison des vivants n'était que l' « hôtel-
lerie » où l'on passe. Le mort était donc
logé dans un caveau, entouré d'objets
usuels ou de représentations de ces objets,

d'armes, de vêtements, de bijoux. On lui servait à boire et à manger, on venait manger près de lui. Les travaux qui avaient été les siens se continuaient sur les murailles, en gravures et en peintures.

Ces admirables figures que nous voyons aujourd'hui au Louvre étaient à jamais, croyait-on, encloses avec lui. Le couvercle était scellé dans une rainure par du ciment et par des boulons. La porte du couloir du monument était murée. Le puits intérieur par lequel on accédait au caveau était obstrué de pierres et de sable. « Il y a certainement en Égypte, dit Mariette, des momies si bien cachées, que *jamais*, au sens absolu du mot *jamais*, elles ne reverront le jour. » Le chef-d'œuvre était ainsi pour toujours enfoui, exhibé dans l'obscurité, exposé dans le néant.

On ne remonte pas les temps, et les artistes d'aujourd'hui sont condamnés à exercer leur art comme une profession, à donner la publicité à leur pensée. Ne semble-t-il pas, tout de même, qu'on exagère cette pu-

1.

blicité, qu'on installe trop la boutique, qu'on entreprenne trop le commerce, et que les hommes de maintenant feraient bien, certains jours, d'aller regarder de leurs yeux respectueux l'intérieur de l'émouvant sarcophage?

II

LES BRAS DE LA VÉNUS DE MILO

28 juin 1890.

La Vénus de Milo redevient d'actualité. Le marbre divin, pour un instant, est un sujet de reportage et de chronique. Du fond de sa galerie du Louvre il prend l'attention qui ne va d'ordinaire, dans le monde parisien, qu'à ces dames des théâtres ou aux marchandes de sourires dont les toilettes sont décrites et les équipées racontées dans les échos des journaux galants. C'est à la patience de M. Ravaisson que la déesse doit cette inattendue réclame. M. Ravaisson a

imaginé d'expliquer l'attitude de la Vénus
de Milo par la présence du dieu Mars. A
l'aide de quelques documents et d'adroites
suppositions, il a reconstitué le groupe, il a
réinventé les bras qui manquent. On a pu
voir le résultat obtenu dans le vestibule de
l'Institut.

C'est une idée intéressante, mais ce n'est
pas une heureuse idée. Si c'est pour fournir
un renseignement aux érudits que ce dialogue entre Mars et Vénus a été rétabli,
passe encore. On accordera à la tentative
une curiosité d'un instant, et ce sera fini.
Mais s'il s'agit de donner au chef-d'œuvre
sa forme définitive, c'est peine perdue. La
Vénus de Milo doit rester et restera isolée
et sans bras. On se souvient des cou-
plets écrits dans *Hommes et dieux*, par ce
savoureux prosateur, Paul de Saint-Victor:

« Béni soit le paysan grec dont la bêche
exhuma la déesse enfouie depuis deux
mille ans dans un champ de blé! Grâce à
lui, l'idée de la Beauté s'est exhaussée d'un
degré sublime; le monde plastique a re-
trouvé sa reine. A son apparition, que d'au-

tels écroulés, que de prestiges évanouis ! Comme dans le temple biblique, toutes les idoles tombèrent la face contre terre. La Vénus de Médicis, la Vénus du Capitole, la Vénus d'Arles, s'abaissèrent devant la Vénus deux fois Victorieuse qui les réduisait, en se relevant, au rang secondaire. »

C'est la vérité même, éloquemment exprimée. Les Vénus coquettes, libertines, faussement pudiques, dont le type est la Vénus de Médicis, passent au rang inférieur depuis que la Vénus de Milo est venue régner sur le monde de l'art grec. Forcer celle-ci à une conversation avec Mars, c'est la mettre en déchéance. Elle n'a pas besoin de ce compagnon porte-glaive et casqué. Elle se diminue en armant ce militaire. Il est fort possible qu'elle ait été conçue dans cette attitude et dans la société du guerrier. Qu'importe ! Le hasard a bien fait les choses en supprimant le suffisant bellâtre et même en cassant les bras de la statue superbe. Vénus, ainsi, n'est plus localisée dans la mythologie grecque, elle échappe à son rôle spécial, elle monte au plus haut degré des généralisations et des symboles.

Saint-Victor, dans son idéalisme mal compris, dans son esthétique trop souvent étroite, s'applaudit de ce qu'il n'y ait pas un atome de chair dans ce marbre auguste. « Ces traits grandioses, dit-il, ne reflètent aucune ressemblance; ce corps, où la grâce se revêt de force, accuse la généralisation de l'esprit. Il est sorti d'un cerveau viril, fécondé par l'idée et non par la présence d'une femme. » Il revient encore sur cette idée : « Il n'y a pas de squelette dans ce corps superbe, ni de larmes dans ces yeux aveugles, ni d'entrailles dans ce torse où circule un sang calme et régulier comme la sève des plantes. » Ce n'est pas l'apparence exacte que la Vénus prend sous tous les regards. Elle est harmonieuse et éternelle, elle est devenue synthétique et souveraine, certes. Mais, c'est une des formes les plus vivantes de la femme qui aient été réalisées. Le physiologiste ne trouve ici rien à reprendre, il reconnaît la place des organes, il admire la solidité de l'armature, il voit circuler le sang, s'accomplir la respiration, s'élaborer la vie. Oui, tant mieux si les bras sont absents. On voit mieux l'incomparable torse. La pensée conçoit plus parfaitement celle vers laquelle vont tous les désirs, — qui reste impassible et immuable, — qui n'étreint pas et ne se donne pas, — la souveraine Beauté, éternel appât de la vie.

III

OLYMPIA [1]

10 février 1890.

Il me suffit de songer à ce nom d'Olympia pour revoir le tableau d'Édouard Manet tel que je le vis, — une première fois, dans l'atelier du peintre, lorsqu'il montra à tous deux toiles refusées au Salon, le portrait de

---

[1] A propos de la présentation à l'État de *l'Olympia* par un groupe de souscripteurs réunis sur l'initiative de Claude Monet. La toile d'Édouard Manet est actuellement au Luxembourg, en attendant le Louvre où elle peut entrer, réglementairement, l'an prochain.

Desboutin et le *Linge*, — une seconde fois, à l'exposition posthume de l'École des Beaux-Arts, — et enfin à l'Exposition centennale de 1889. Immédiatement, la femme peinte surgit dans la mémoire comme une vivante qu'on aurait connue. Tous les traits de son visage, tous les détails de son attitude sont restés familiers, on séjourne à nouveau dans le décor où elle habite.

Elle est nue, étendue sur un lit, au premier plan, à la façon des courtisanes des tableaux vénitiens. On peut deviner derrière elle, au delà des rideaux verts, la banale chambre d'amour où les maîtres du pinceau ont aimé souvent à faire éclore les chairs tièdes et souples des véridiques créatures de rencontre auxquelles leur pinceau a donné la survie. Les linges du lit sont d'un blanc gris légèrement bleui. Un chat noir surgit, s'éveille comme sa maîtresse. Une négresse apparaît, portant un bouquet. Une harmonie générale, en larges taches de noir et de blanc, est déjà éveillée par ces images. Mais combien elle est résumée et portée au plus haut point par le corps lumineux de l'Olympia, tout en clartés étendues et en ombres légères! Le corps entier est circonscrit, un peu comme une figure de vitrail, par une onduleuse ligne sombre qui le cercle de nuit. Ligne de convention, parti pris artistique qui a fort irrité, par un singulier phénomène, des gens qui sont habituellement partisans de la convention et de la formule. Certes, le trait qui représente idéalement les contours n'existe pas dans la nature. Balzac a déjà dit cela en 1831 dans le *Chef-d'œuvre inconnu*, en une page superbe qui pourrait bien être, jusqu'à présent, le plus parfait sommaire de la conception artistique. Ce trait n'est donc employé que pour traduire les apparences d'une façon visible, pour en donner la signification écrite. C'est un outil, et rien de plus, — un instrument comme un rabot, disait un jour Bracquemond. Le véritable dessin, c'est celui qui consiste à modeler les surfaces. C'est le signe du don de voir, c'est la preuve du métier possédé, c'est la réalisation possible de la beauté de la vie. Ce dessin, c'est le dessin de l'Olympia. La chair est d'une coulée de lumière, cette lumière s'épand comme un fleuve, depuis la racine des cheveux jusqu'à l'orteil, en une pâte pétrie de clarté, avec des passages de demi-teintes et de transparentes obscurités d'une justesse inouïe. Le noir des yeux, le rose éteint des lèvres, le point rougissant du sein, l'ambre du ventre, la dureté perceptible des os de la cheville, des genoux, des côtes, la rondeur lisse et fuselée des mollets, la tache du nombril, le bombé élastique de la gorge, les doigts écartés et les plans en raccourci de la main posée sur la cuisse, ce sont les détails impeccables qu'on trouve à l'analyse de cet ensemble où la vie respire dans la lumière.

Olympia est une fille de Paris, la première qui ait figuré ainsi, avec une tranquillité d'œuvre charmante et définitive, dans la peinture de ce temps. C'est évidemment un modèle rencontré, et qui a conquis l'artiste par sa grâce particulière, son caractère individuel. Il s'est trouvé qu'en transcrivant sur sa toile l'aspect de cet être de hasard, devant

lequel il s'était arrêté, il avait réfléchi, il
s'est trouvé que Manet, comme tous les
grands artistes, a fixé la synthèse d'une race
spéciale, a créé une femme qui résume les
mœurs d'une ville, la physiologie d'une
classe. Ce n'est pas la première fois qu'une
créature de cette catégorie passe à l'état de
symbole d'art et entre dans l'Histoire. Dans
le Nord, en Flandre et en Hollande, les
maîtres ont fait poser devant eux des mari-
tornes de carrefours aux sanguins visages et
aux chairs épaisses. Ils les ont montrées
dans leurs rapaces marchandages, discutant
en aigres commerçantes avec le bourgeois
ou le soudard, dans la petite pièce de rez-de-
chaussée proprement meublée, ornée d'oi-
gnons de fleurs, prenant vue sur une église
ou sur un quai. Ou bien ils ont fait coucher
leurs débordantes et roses personnes sur les
vulgaires courtines de leur lit d'avaricieuses
ménagères. En Italie, les courtisanes du
terroir, celles dont la beauté rayonnait dans
des réduits de faubourgs, comme les impé-
rieuses qui traînaient leurs robes de brocart
sur les dalles des palais, sont entrées, elles

aussi, en victorieuses, dans l'apothéose de
la peinture. Non pas seulement les rousses
et somptueuses créatures du Titien et de
Véronèse, les corps couleur de soleil alan-
guis au fond des alcôves. Le Carpaccio a
immobilisé dans l'attente, sur les terrasses
de Venise, d'effrayantes courtisanes entou-
rées de chiens, de pigeons et de paons, qui
sont bien les servantes d'amour les plus
atroces à l'embuscade qu'on ait encore ren-
contrées dans l'art, à ce point que les procès-verbaux des romanciers et des dessinateurs naturalistes, en quête d'horreurs dans
le quartier de l'École Militaire, pâlissent auprès de ces impitoyables et grandioses évocations.

Quelle que soit la situation sociale d'Olympia, qu'elle habite les plus mauvais lieux,
ou qu'elle soit une libre fille de bohème,
modèle de peintres, coureuse de brasseries,
amante d'un jour, elle peut donc se réclamer d'assez illustres parentés, car les musées d'Europe sont occupés, aux places

d'honneur, par ses sœurs de tous les temps et de toutes les nationalités. C'est un produit de grande ville, l'errante des rues, fatiguée aux pavés, salie aux ruisseaux. En sa courte jeunesse, elle connaît les fortunes contraires, les hauts et les bas de l'existence. Ouvrière aux maigres salaires, mal nourrie, amoureuse en promenade de banlieues le dimanche, femme savante de sa chair à seize ans, battue par des brutes, adorée par des frénétiques et des délicats, c'est une épave de civilisation promise à la misère et à l'hôpital. Heureusement, elle est venue s'échouer sur cette toile, et voilà que celle qui n'était pas sûre du lendemain va vivre ici de l'existence prolongée, et peut-être sans fin, que peut donner l'art. Sa physionomie de malice et d'inconscience, son visage carré, aux mâchoires un peu lourdes, prennent une sérénité dans ce silence éternel, dans cette atmosphère de paix où vivent les chefs-d'œuvre. Au milieu de ces vêtements quittés, de ces falbalas en désordre, le corset, les jupons, les bas, les souliers, une main jouant avec une écharpe à fleurs, un lacet noir en col-

lier, un bracelet au bras, dans tout son faux
luxe de pauvre, toute meurtrie de sa nuit,
toute promise au recommencement des fati-
gues du soir, Olympia est délicieuse et touchante, et tous ceux qui ont au cerveau un
peu de pitié, aimeront cette nerveuse et ané-
miée fillette aux yeux cernés. Ces vaincues
de naissance auront été, en ce siècle de compréhension, des inspiratrices de poètes, de
ceux qui veulent enclore des pensées dans
des rimes, de ceux qui cherchent l'expression par l'harmonie des lignes et des couleurs. Cette face d'esprit instinctif, cette face
d'enfant vicieuse aux yeux de mystère, où
un peu d'innocence erre encore dans les
montantes eaux troubles, ce jeune corps fra-
gile aux seins frêles, aux bras minces, aux
jambes fines, ce corps respirant, doux et
triste comme une fleur fanée, disent tout
cela de façon précise aux yeux qui regardent
et qui interrogent, mais ils ne le disent pas
sous un despotisme d'intentions du peintre.
Ils parlent, mais ils parlent par eux-mêmes,
insconsciemment. Ils sont écoutés et compris parce qu'ils vivent, ils surgissent et ils

s'imposent par l'autorité de la forme et de la couleur.

IV

LES MEULES DE CLAUDE MONET [1]

1ᵉʳ mai 1891.

La réunion de ces quinze toiles des Meules, où le même sujet est inscrit, où le même paysage se reflète, est une démonstration artistique extraordinairement victorieuse. Claude Monet est venu prouver, pour son compte, le surgissement continuel en aspects nouveaux des objets immuables, l'afflux sans trêve de sensations changeantes, liées les unes aux autres, devant un spectacle d'apparence invariable, la possibilité de résumer la poésie de l'univers dans un espace restreint.

---

[1] Préface du catalogue de l'exposition de 22 toiles de M. Claude Monet, dans les galeries Durand-Ruel, du 5 au 20 mai 1891.

Pendant une année, le voyageur a renoncé au voyage, l'actif marcheur s'est défendu la marche. Il a songé aux pays qu'il avait vus et traduits, la Hollande, la Normandie, le Midi de la France, Belle-Ile-en-Mer, la Creuse, les villages de la Seine. Il a songé aussi aux pays qu'il avait seulement traversés, où il voudrait retourner, Londres, l'Algérie, la Bretagne. Sa pensée est allée vers de vastes étendues et vers des points précis qui l'attirent, la Suisse, la Norvège, le mont Saint-Michel, les cathédrales de France, hautes et belles comme les rochers des promontoires. Il a ressenti le regret de ne pouvoir fixer, encore et toujours, les villes tumultueuses, les mouvements de la mer, les solitudes du ciel. Mais il sait aussi que l'artiste peut passer sa vie à la même place et regarder autour de lui sans épuiser le spectacle sans cesse renouvelé. Et le voilà à deux pas de sa maison tranquille, de son jardin où flambe un incendie de fleurs, le voilà qui s'arrête sur la route, un soir de fin d'été, et qui regarde le champ où se dressent les meules.

l'humble terre attenant à quelques basses maisons, circonscrite par les collines prochaines, pavoisée de l'incessant défilé des nuages. C'est au bord de ce champ qu'il reste ce jour-là et qu'il revient le lendemain et le surlendemain, et tous les jours, jusqu'à l'automne, et pendant tout l'automne, et au commencement de l'hiver. Les meules n'auraient pas été enlevées, qu'il aurait pu continuer, faire le tour de l'année, renouer les saisons, montrer les infinis changements du temps sur l'éternelle face de la nature.

Ces meules, dans ce champ désert, ce sont des objets passagers où viennent se marquer, comme à la surface d'un miroir, les influences environnantes, les états de l'atmosphère, les souffles errants, les lueurs subites. L'ombre et la clarté trouvent en elles leur centre d'action, le soleil et l'ombre tournent autour d'elles en une poursuite régulière : elles réfléchissent les chaleurs finales, les derniers rayons, elles s'enveloppent de brume, elles sont mouillées de pluie, glacées de neige, elles sont en harmonie avec les lointains, avec le sol, avec le ciel.

Elles apparaissent d'abord dans la sérénité des belles après-midi, leurs bords frangés des morsures roses du soleil, prenant des apparences d'heureuses chaumières en avant des feuillages verts, des coteaux mamelonnés d'arbres. Elles se dressent nettement au-dessus du sol clair, dans une atmosphère limpide. Aux mêmes jours, le soir plus proche, la descente du coteau bleuie, le sol diapré, leur paille se violace, leur contour est sillonné d'une ligne incandescente. Puis, ce sont les fêtes colorées, somptueuses et mélancoliques de l'automne. Par les jours voilés, les arbres et les maisons se tiennent à distance comme des fantômes. Par les temps très clairs, des ombres bleues, déjà froides, s'allongent sur le sol rose. Aux fins des journées de tiédeur, après des soleils obstinés qui s'en vont à regret, qui laissent une poudre d'or dans la campagne, les meules resplendissent dans la confusion du soir comme des amas de

joyaux sombres. Leurs flancs se crevassent
et s'allument, laissent entrevoir des escar-
boucles et des saphirs, des améthystes et
des chrysolithes, — les flammes éparses
dans l'air se condensent en feux violents,
en flammes légères de pierres précieuses,
— l'ombre de ces meules rougeoyantes s'al-
longe criblée d'émeraudes. Plus tard encore, sous le ciel orange et rouge, les meules s'assombrissent et scintillent comme
des foyers brûlants. Des voiles tragiques,
d'un rouge de sang et d'un violet de deuil,
traînent autour d'elles, sur le sol, au-dessus du sol, dans l'atmosphère. Et c'est enfin
l'hiver, la neige éclairée de rose, les ombres
bleues et pures, la menace du ciel, le blanc
silence de l'espace.

De toutes ces physionomies du même lieu,
il s'exhale des expressions qui sont pareilles
à des sourires, à de lents assombrissements,
à des gravités et à des stupeurs muettes, à
des certitudes de force et de passion, à
de violents enivrements. L'enchantement
mystérieux qui sort de la nature murmure
et chante ici dans ces incantations par les

formes et par les couleurs. Une vision s'affine et s'exalte, une pensée est errante dans ces reflets de couleur qui se multiplient les uns par les autres, dans cette matière illuminée d'étincelles, de pointes bleuâtres de flammes, des soufres et des phosphores épars qui sont la fantasmagorie de la campagne. Le rêve inquiet du bonheur s'élabore dans cette douceur rose des fins de jour, monte avec les fumées colorées de l'atmosphère, s'harmonise avec le passage du ciel sur les choses.

Ce même langage que parle la lumière dans les paysages des meules, la lumière le parle encore dans ces quelques toiles ajoutées ici par Claude Monet à cette série significative. Soit qu'il étende devant nous la prairie fleurie de rouge, la prairie fleurie de mauve, le champ des légères avoines, — soit qu'il enferme en un cadre ce bloc de terre, ce massif sommet de colline, — soit qu'il adresse en sveltes ascensions, dans la dorure du soleil et la marche des nuages, ces figures de jeunes filles aériennes et rythmiques, — il est toujours l'incomparable peintre de la terre et de l'air, préoccupé des fugitives influences lumineuses sur le fond permanent de l'univers. Il donne la sensation de l'instant éphémère, qui vient de naître, qui meurt, et qui ne reviendra plus, — et en même temps, par la densité, par le poids, par la force qui vient du dedans au dehors, il évoque sans cesse, dans chacune de ses toiles, la courbe de l'horizon, la rondeur du globe, la course de la terre dans l'espace. Il dévoile les portraits changeants, les visages des paysages, les apparences de joie et de désespoir, de mystère et de fatalité, dont nous revêtons, à notre image, tout ce qui nous entoure. Il est l'anxieux observateur des différences des minutes, — et il est l'artiste qui résume en synthèses les météores et les éléments. Il raconte les matins, les midis, les crépuscules, la pluie, la neige, le froid, le soleil, il entend les voix du soir et il nous les fait entendre, — et il construit sur ses toiles des morceaux de la planète. C'est un peintre

subtil et fort, instinctif et nuancé, — et c'est
un grand poëte panthéiste.

V

EUGÈNE CARRIÈRE [1]

10 avril 1891.

Ces dessins aperçus en entrant ici, ces
crayonnages noirs et rouges mis sous verre,
c'est l'indice du perpétuel travail, de l'incessante activité de pensée. Quelques-uns
seulement ont été immobilisés, accrochés
au mur d'exposition. Le reste est en nombre prodigieux, en feuilles volantes partout
disséminées, parties chez des amis, déchi-
rées aux mains des enfants, réfugiées à
l'abri des cartons, au creux des tiroirs, ou
bruissantes et légères, errantes sur les tables,

---

[1] Préface du catalogue de l'exposition de tableaux,
esquisses et dessins, de M. Eugène Carrière, chez Boussod Valadon, boulevard Montmartre, du 13 avril au
2 mai 1891.

sur le sol, soulevées au moindre souffle, comme les feuilles d'un automne.

Il y en a encore et sans cesse, il y en a eu hier, il y en aura demain, en poussées incessantes. Carrière regarde, pense, — dessine, comme d'autres regardent, pensent, — écrivent. Ces papiers blancs, gris, bleus, qu'il anime d'un trait et d'une tache, qu'il marque du signe personnel, c'est le cahier d'expressions auquel il ajoute sans cesse, le livre de son existence, aux pages séparées qui se suivent comme les heures, le Journal de son esprit et de son cœur, le clair grimoire où se reflètent la signification des événements et les nuances des idées. Il prend ainsi ses notes sur la vie, et il les prend tout près de lui, sur les choses qu'il sait, sur les êtres qui lui sont intimes. Il trouve la poésie de son imagination et l'aliment de son talent dans un espace restreint, il voyage à l'infini à travers le monde qui tient dans la lumière et l'ombre d'une chambre, sous l'orbe d'or d'une lampe. Il parle, il rêvasse, il rêve, il est sérieux, il égaie, et il voit. Il voit des visages confiants ou réservés, des chairs qui sont pâles ou roses dans le noir de la nuit, des arrêts et des montées de vie, des paupières qui s'abaissent, des lueurs de regards, des tristesses de fronts, des illuminations de sourires. Des sentiments surgissent, passent, se suivent, s'amènent les uns les autres sur les physionomies mobiles. Une histoire de l'humanité s'élabore, de l'enfant qui vient de naître, le visage vieillot et ridé, jusqu'à cet autre qui essaye des mots et des gestes et qui boit la clarté par ses yeux limpides, de la fillette grêle où commence à s'inscrire la silhouette de la femme jusqu'à la mère où s'incarne le souci de vivre. Les instincts, les réflexions, les passions qui s'agitent, les sentiments qui se recueillent, se devinent aux gesticulations et aux attitudes, aux mouvements rapides, aux frissons subits, aux lentes cadences, aux prolongés repos.

Ce sont ces silences et ces rythmes, ces mouvements et ces attitudes, dont le dessinateur s'empare. Il les continue sur la feuille, d'une main volontaire, d'un crayon sûr de son parcours. Il cherche à prendre un peu de cette variété jamais interrompue, une partie de ces manifestations sans fin. Les formes animées par la force intérieure, les formes sans cesse changées par l'action de la lumière, se résolvent en combinaisons sans nombre. L'œil le plus apte, les doigts les plus prompts, ne peuvent en apercevoir et en fixer que quelques-unes. Carrière se hâte, suit avec tout le pouvoir de sa maîtrise cette vie changeante, si riche, si complexe. Il voit beaucoup et il recueille beaucoup. Son œuvre est abondamment pourvue déjà de lignes significatives, d'aspects essentiels. Par quelques frottis, par quelques indications de dominantes, il fait revivre la silhouette qu'il a vue très lointaine, s'en allant comme un regret, ou venant à lui comme un souvenir. Il force à se rapprocher et à se préciser les visages. Il fixe un détail, l'écart ou le rapprochement des yeux, la noirceur ou la fluidité, la dureté et l'éclat de pierre précieuse ou le tendre et le joli de fleur d'une prunelle, la courbe d'un sourcil, la douceur charnelle, l'inflexion fine, la fiévreuse aspiration, la ligne de fermeture hermétique d'une bouche. Les mains aussi, il les représente incomparablement. Ces mains, qui sont là, qu'il a délimitées et modelées en quelques coups de crayon, on peut les placer auprès des mains les plus célèbres racontées par les croquis des plus impeccables. Carrière les voit vraiment douées d'une existence spéciale et révélatrices de caractères. Il dit par elles les volontés et les mollesses, les énergies de l'action, les abandons hautains des indifférents, les défaites des résignés. Il en sait de gracieuses, de nobles, d'infiniment touchantes, palpitantes de nervosité, chuchoteuses d'aveux. Il caresse de toute sa délicatesse des mains courtes et potelées d'enfants, des mains fines et rêveuses de femmes. Il est saisi d'un respect attendri devant des mains de vieillesse au repos d'un long travail.

Les voilà, ces dessins, les voilà, ces confidences d'une vie mêlée à la vie des autres, ces divinations de mains, de bouches, d'yeux, de gestes, de sourires, de pleurs. C'est la préface et c'est le sommaire de l'œuvre. Il se trouve qu'en parlant de ces quelques feuilles, de ces recherches, de ces préparations, on a parlé aussi de ce qui les suit, de ces beaux tableaux sombres où rayonne si doucement la lumière persistante, où l'humble vie s'approfondit dans l'espace et le temps, se revêt de voiles d'ombre, de clarté somptueuse, et monte aux hautes synthèses.

Là, Carrière achève de révéler le sens de la vie qui est en lui. Il raconte l'existence tendre et tragique, il fait surgir des êtres vivaces, il fait défiler des passants, il mêle dans les créatures les espoirs incertains et les mélancolies pressenties. Une flamme obscure vacille dans les yeux qui viennent de s'ouvrir au jour. Les prunelles de velours et les bouches couleur de rose ont de délicieux sourires déjà navrés dans les ténèbres. Mais s'il fait rire les enfants et sourire les fillettes, l'artiste, supérieurement compréhensif, aggrave le visage des mères, aiguille leurs préoccupations vers la farouche inquiétude. Ce sont des lionnes attentives et soupçonneuses qui prévoient, qui redoutent, et qui grondent contre l'inconnu. Enlaçant le dernier né, guidant les pas de l'hésitant, parlant du regard aux aînés, elles se meuvent dans la tragique atmosphère chargée de menaces où se livrent les batailles du destin. Elles y vivent d'une vie passionnée, elles y dépensent des ardeurs d'amantes, projettent tout leur corps dans l'avancée d'un baiser, concentrent en elles les joies violentes et douloureuses où les yeux se closent. Sur ces visages de femmes, Carrière a fait passer toutes les affres de la passion. Il est allé au grand art, au résumé des formes et des expressions, à la beauté des idées générales, il a été poète compréhensif en réunissant hier à demain dans les mêmes êtres, en évoquant le fugitif passé, et l'avenir qui deviendra si vite du passé.

Qu'il soit le peintre des enfants qui sourient, des adolescentes qui rêvent, des mères qui agissent, — qu'il trace en inoubliables effigies des portraits d'expressions de tous ceux qu'il a examinés, scrutés, et qu'il révèle à eux-mêmes en ces biographies stupéfiantes écrites sur une toile, — toujours, avec la puissance de sa forme, la science de son modelé, toutes ses qualités de peintre, de dessinateur, d'harmoniste, toujours, et sans que la fine matérialité de son art en souffre et faiblisse, il apporte des préoccupations cérébrales, il s'adresse pour être compris à des complices intellectuels. Pas un de ses tableaux qui ne fasse songer, par l'aigu de son expression, par sa grâce douloureuse et souveraine, aux profondeurs tressaillantes et énigmatiques de la vie. Et c'est une vie sans métaphysique compliquée, qui ne donne pas à résoudre de subtils rébus, c'est la vie de tous, toute proche, enfermée, concentrée et épanouie à la fois, dans nos demeures de villes, dans des réduits de silence aménagés au milieu des bâtisses agglomérées et des passages de foules formidables. Que l'on regarde et que l'on comprenne, que l'on s'aperçoive de ce fait singulier que jamais ce grand artiste passionné n'a peint un ciel, n'a fait passer de nuages et luire de soleil, et peut-être aura-t-on un des secrets de ces confidences ardentes et révoltées, où les contacts sont si appuyés et si tendres, où la joie est si navrée et la douleur si mystérieuse.

La pitié et la violence d'une âme haute, la compréhension d'une intelligence, c'est ce qui apparaît dans ces œuvres, c'est ce qui leur donne une si grave signification et fera leur .importance dans l'avenir... Ah! cher Carrière, mon ami, me voilà ici en critique parlant d'un peintre, et le flux des souvenirs, des conversations, des disputes, des ententes, vient à moi par toutes ces toiles, qui marquent une évolution d'esprit et de talent parallèles. Ce sont des pensées, des sensations, qui se lèvent dans ces cadres, la vie qui se mêle à l'art. Je nous revois dans l'avenue verdoyante de faubourg, dans le jardinet, autour de la maison de banlieue, dans la lumière des soirs, dans les promenades par les rues de nuit et de silence, et là-bas, en Bretagne, devant la mer émouvante, et j'oublie ma critique, ou plutôt je la continue et la certifie comme un des témoins et des compagnons de ta vie.

VI

CAMILLE PISSARRO [1]

15 février 1890.

Les vingt-six œuvres exposées par M. Camille Pissarro résument ses recherches des récentes années, une évolution nouvelle de son talent d'artiste. Ce sont des résultats ardemment espérés, opiniâtrement voulus, qui sont montrés aujourd'hui au public artistique. Le peintre avait déjà un beau passé derrière lui et se trouvait en pleine moisson d'œuvres, il était le paysagiste admis des champs normands, des tranquilles potagers attenant aux maisons villageoises, l'observateur sincère des passants de la campagne, on admirait sa juste perception de la lumière, ses douces et claires évocations des aspects de la terre et du ciel — quand il

---

[1] Notice de l'exposition d'œuvres de M. Camille Pissarro, chez Boussod Valadon, boulevard Montmartre, du 25 février au 15 mars 1890.

s'arrêta dans la voie où il marchait d'un pas régulier, d'une allure constante. L'heure du succès venue, au moment où les hommes, d'habitude, ont leur siège fait et se contentent de récolter ponctuellement ce qu'ils ont semé dans l'inquiétude, à une époque de production effrénée et mécanique où tant de triomphateurs se contentent d'être les exploiteurs d'un genre, les fournisseurs d'un succès, et répètent jusqu'à satiété une formule, une manière et un sujet, lui, le sincère et obstiné travailleur, décidait une halte, et un départ par un nouveau chemin. Il n'y eut pas reniement d'une conception, changement de vision, radicale révolution dans le procédé. Il y eut un désir de s'accroître, un instinctif et logique besoin de développement. Camille Pissarro voulut l'observation plus serrée des phénomènes, une analyse plus exacte des influences et des reflets. Il était doux et clair, il voulut être plus doux et plus clair encore, il exigea de sa science de fin coloriste une production de lumière d'une fraîcheur plus intense et d'une transparence plus vive.

Il n'est pas d'effort plus honorable et qui mérite mieux la louange. Il n'est pas de spectacle plus enseignant que celui d'un tel peintre, accepté par la critique et par les amateurs, et qui tente un effort de plus, et qui se remet de bonne foi à l'école de l'art. Ou plutôt il crut s'y remettre. La vérité, c'est qu'il en était de lui comme de tous les vrais artistes. Il n'avait jamais cessé d'étudier et d'acquérir, et au moment où il croyait réapprendre, il réalisait toute une vie d'étude acharnée, de science amassée jour par jour. S'il y eut quelque trouble chez lui, s'il tâtonna pour trouver une manière différente de fractionner la couleur et de distribuer la lumière, si certains tableaux, en petit nombre, déroutèrent un instant ceux qui aimaient son talent délicatement robuste, ce ne fut pas pour une période de longue durée.

Pissarro fit partie du groupe de ceux qui prirent le nom de néo-impressionnistes. Pendant un instant il subordonna son individualité à la méthode du pointillé. Les preuves de l'évolution qu'il a tentée et de celle qu'il a accomplie sont visibles dans les

œuvres qu'il expose en ce moment. Le problème que donnaient à résoudre les néo-
impressionnistes : fixer l'impression d'une
dominante fragmentée, servie et combattue
par les reflets et les complémentaires, ce
problème, l'artiste l'a résolu pour sa part,
et il l'a résolu sans le pointillé. Il a supprimé
le mélange sur la palette, il a réuni sur la
toile, tout en les isolant, les parties à mélan-
ger, il a voulu que la fusion s'opérât dans
l'œil du spectateur, et il a presque toujours
mené à bien les phases de ces opérations
et obtenu le résultat espéré. Mais le point,
le rond coloré, est absent. Le peintre a infiniment varié, au contraire, le travail de sa
brosse, — par larges traînées dans certaines
peintures à la détrempe, — en suivant le sens
des objets, en adaptant à la forme de ces
objets la forme de chaque touche, dans les
peintures à l'huile. Il eut la volonté acharnée d'exclure tout mélange assombrissant,
d'exiger, sur toutes les parties de sa toile,
la lumière absolue, dans son intégrité atmosphérique.

Il était artiste personnel, de belle vision

et d'exécution sûre, et c'était là l'essentiel.
Il a donc obéi à la loi intérieure qui gou-
verne son individu, il a été sans cesse vers
l'idéale clarté que son être intime cherchait
dans le monde extérieur. Partout, sur les
surfaces, dans les demi-teintes, dans les
ombres, il s'est acharné à la trouver, cette
fluide lumière pénétrante pour laquelle il
n'y a pas de coins cachés, de réduits invio-
lables, cette lumière permanente et changeante dans laquelle baigne le monde. Il
l'a aimée surtout pendant les après-midi
claires, dans les tendres prairies, bordées
d'arbres sveltes, au pied des basses collines.
Il l'a cherchée aux pentes où elle coule en
fleuves, aux étendues où elle s'étale en transparentes vapeurs. Il en a étudié les caresses
sur les chairs hâlées des travailleurs rustiques, sur les pelages des animaux, sur les
branchages des arbres, sur les feuilles remuantes, sur les brindilles à ras du sol, sur
le caillou et la motte de terre. Il a tout mis
en rapport avec l'enveloppe de l'air, avec
l'éther lointain, avec les passages de nuages.

Dans ce merveilleux paysage des *Prairies*

de Saint-Charles, la diffusion de la clarté solaire dans l'étendue céleste s'accomplit pour ainsi dire progressivement sous nos yeux par ces alternances de justes valeurs qui vont de l'orangé au bleu par des passages de lilas et de rose de nuances infinies. Partout, sur la terre, dans l'herbe, dans la haie de saules, dans le rideau de peupliers, sur la gardeuse de vaches et ses bêtes, la même influence lumineuse se répète et joue librement, dans la joie d'une journée d'été. C'est une vie abondante et une douceur exquise, une apothéose de nature pénétrée de clarté, frissonnante de sève et délicatement dorée de soleil.

Dans le tableau des *Faneuses,* l'impression différente éveille une joie et une admiration égales. Les derniers travaux s'accomplissent avec la régularité et le rythme qui font ressembler ces défilés de paysans et de paysannes à des danses de lenteur et d'harmonie. Les fanes tombent sur le sol en légères floches, les jambes marchent en mesure, les bras vont et viennent, l'herbage s'amoncelle en vagues gracieuses jusqu'aux clairs horizons. Toute cette verdure fait flamber en tons exaltés des vêtements de toile rose, des légères camisoles, des coiffes, des jupons, et aussi les visages et les mains de chairs colorées. La svelte et saine fille qui surgit, les pieds dans l'herbe, et qui règne par sa belle allure, le caractère de son mouvement, sur tout le paysage en fête, apparaît incandescente dans l'air imprégné de verdure, son visage et ses mains s'allument d'une lueur de couchant rouge et rose.

Le *Beau jour d'hiver à Éragny* est traversé de rayons lumineux, mais la pâle prairie, les arbres dépouillés, les lointains de givre, le feu qui flambe et fume, le vent qui froisse la jupe de grosse laine de la fillette, le vêtement du garçonnet, tous les détails de l'œuvre constituent un des plus extraordinaires effets de froid et de soleil qui aient été obtenus par la peinture.

Il est encore d'autres belles pages, après ces trois paysages qui prennent tout d'abord l'attention : les *Côtes d'Éragny*, où les plans du ciel et la transparence des ombres ravis-

sent l'œil, — la vue de *Rouen dans le brouillard*, un surgissement fantastique des premiers plans d'une ville, une atmosphère
blafarde et vaguement colorée, devinée et
lointaine, — les *Pruniers en fleurs*, d'une
clarté tamisée, d'une intimité de verger et
de jardin, — une *Fenaison à Pontoise*, de
justes mouvements au-devant d'une étendue
de campagne à la fois intime et profonde,
— une *Paysanne gardant des chèvres* dans
des hautes herbes, à la lisière d'un bois où
des richesses de couleurs luisent dans
l'ombre du feuillage, — un *Berger sous
une averse*, une averse qui noie les contours
des coteaux, qui couche les herbes, qui fait
ruisseler la cape, qui entoure d'une trombe
les moutons, les uns qui se rassemblent,
d'autres retardataires qui broutent.

Et encore, des scènes des champs, des
villages, des petites villes, cueillettes de
pommes, femmes causant, cours de ferme,
gardeuses d'oies, marchés à Gisors, observations des êtres et de leurs occupations
qui dénotent une connaissance approfondie
de la vie de campagne, le regard le plus

attentif fixé sur les paysans depuis Millet, et une conception toute différente de celle de Millet, un sens intime de la vie rurale, une vision nette de la vérité locale, de la particularité des allures, de la couleur des vêtements. C'est d'une fine rudesse, d'une malice tranquille. Chez l'artiste épris des vives lumières, des fortes chaleurs des après-midi, et que la critique d'hier a parfois traité en violent et en énergumène, il y a un délicat qui sait et qui exprime en un langage de nuances, le charme de la vie rustique. Les preuves abondent, parmi ces vingt-six œuvres : cette faneuse rose, si fine et de si haut style, qui reste véridique, cette autre faneuse vue de dos, de construction jeune et souple, ces causeries au bas d'un champ, cette jeune paysanne à sa toilette, et ces gouaches, en forme d'éventail, où s'avive et s'adoucit encore la lumière aux champs apaisés, aux légers ciels, aux purs horizons.

VII

RAFFAËLLI, PEINTRE-SCULPTEUR [1]

27 mai 1890.

Comme en 1884, alors qu'il avait loué une boutique, avenue de l'Opéra, pour accrocher ses toiles, Raffaëlli expose tout seul, cette année, dans cet entresol du boulevard Montmartre qui est un des plus sûrs rendez-vous artistiques de Paris. Plus que jamais il faut l'approuver, en ce mois de double Salon, où quelque application est nécessaire pour découvrir les vraies œuvres d'art égarées dans la cohue. D'ailleurs, la nouveauté qu'il apporte prend mieux sa signification dans un milieu isolant. Ici, on fera mieux connaissance avec de l'inédit. Car Raffaëlli veut encore de l'inédit, après les siècles d'art qui ont absorbé notre atten-

---

[1] Notice de l'exposition de toiles et de bronzes de M. J.-F. Raffaëlli chez Boussod Valladon, boulevard Montmartre, du 27 mai au 21 juin 1890.

tion et découragé notre esprit. De fait, tout
renaît et tout recommence chaque fois qu'un
être nouveau éprouve une sensation au contact des choses. C'est de l'inédit, et c'est de
l'unique, venu avec lui et qui va disparaître
avec lui. Raffaëlli est un de ceux qui se
préoccupent le plus de ce passage rapide
de l'homme à travers cet immuable et
inconscient décor de nature qui ignore nos
gesticulations et nos inquiétudes. Il croit
sans doute qu'il est nécessaire de marquer ce
passage et d'en inscrire ici ou là le souvenir,
comme on griffonne son nom sur un livre
d'auberge. Qu'on croie ou non à cette nécessité, on fait, en tout cas, comme si l'on y
croyait, par instinct plus que par raisonne-
ment, par cet impérieux besoin d'agir qui
est au fond de l'homme et qui est si difficile
à refréner.

L'artiste qui m'a confié le soin d'écrire ces
quelques lignes est un désireux d'action, un
chercheur en mal de cervelle, un perpétuel
recommenceur d'efforts multiples. Combien
de projets il a dû rouler entre Asnières et

Paris, combien de tickets pour des stations imaginaires a-t-il cru prendre en frappant au guichet de sa gare de banlieue. Il a découvert une zone, tout d'abord, ce qui n'est pas peu de chose en art, il a pris possession d'un sol, il a arpenté, il a catalogué sa flore et sa faune, la plante des gravats, le chien de chiffonnier, le cheval de terrains vagues, le cheval blanc qui pâture des écailles d'huîtres. Il s'est logé chez l'habitant, et il est devenu le confident, l'historien et le poète de l'humanité qui vit proche des grandes villes. Il fournit encore, cette fois, un beau spécimen de cet art et de cette région où il est passé propriétaire intellectuel. Le *Vieillard qui vient d'abattre des arbres* le montre en pleine possession des êtres et des horizons, très décisif dans le choix des moyens d'exprimer. L'homme a la sérénité, la lourde tranquillité des travailleurs sans révolte, les arbres abattus sont des cadavres de choses, et leur sueur de mort est de la couleur noire des pays d'usines et des latitudes pluvieuses. — Une excursion du peintre établi proche Paris,

mais s'en allant en vacances, a été l'Angleterre et les îles anglaises. Par des retours
fréquents, par une assimilation scrupuleuse, il a pénétré certains aspects, il a découvert des intimités de paysages, il a compris des surgissements de silhouettes. Il
est resté lui-même là-bas, et il est revenu
légèrement changé ici, épris de l'atmosphère blonde et des gracieusetés de verdures de Jersey. Il a donc calmé un peu les
êtres farouches qui erraient dans ses toiles,
qui se dressaient derrière des monticules
avec des yeux d'embuscade. Il s'est plu
davantage dans des rues de printemps où
il entrevoyait comme une possible banlieue
anglaise. Je n'en veux pour preuve que
ces *Blanchisseuses d'Asnières* qui cousinent
vaguement avec des bonnes de Londres,
Maud et Mary allant aux provisions.

Mais il est impossible de dresser une
topographie des voyages de Raffaëlli à travers les paysages et la société. Les scènes
et les portraits exposés par lui depuis dix
ans sont présents à la mémoire. On sait
aussi la souplesse et l'amusant de ses illus-

trations. En voici trois belles séries. Des habitués de l'Hôtel Drouot. D'étonnants acteurs de mélodrame, les Gubetta et les Rustighello de *Lucrèce Borgia*, les figurants à fausses barbes féroces qui tiennent leurs épées en queues de billard et circulent dans les salons d'Alphonse d'Este comme au promenoir des bains à quatre sous. Georges de Germany, le héros de *Trente ans ou la vie d'un joueur*, méritait aussi d'être raconté en ces images où l'ironie est d'une si perfide naïveté. C'est vraiment, pour qui sait lire l'alphabet de ce dessin intentionnel, une histoire de l'esthétique d'Ambigu, un exposé de l'état d'esprit des spectateurs. — Raffaëlli a été aussi articlier, brochurier, polémiste, il a voulu commenter lui-même sa peinture, ou plutôt le programme de sa peinture, il a fondé le caractérisme. — Enfin, il a fait de la sculpture. C'est à cette sculpture qu'il revient aujourd'hui, c'est elle qui est le motif principal de cette exposition et de cette notice, et c'est d'elle qu'il me reste à dire quelques mots.

Il n'est pas besoin de grandes explications pour faire admettre qu'il s'agit d'un nouvel emploi de la sculpture, et que le volontaire artiste a trouvé une forme qui n'avait pas encore été employée avant lui. Quel que soit l'avenir réservé à cette combinaison de lignes et de reliefs, il prend date avec ces huit bronzes qu'il montre aujourd'hui, il s'inscrit pour un brevet d'inventeur qu'il sera impossible de lui contester, puisque l'invention est là très solide, visible et palpable pour la satisfaction du regard et du toucher.

Ce sont des bas-reliefs sans fonds, des silhouettes d'êtres et d'objets traitées en ombres chinoises quant aux lignes qui les délimitent, mais augmentées du modelé, du relief, de toute la coloration de la lumière et de l'ombre. Raffaëlli a voulu faire profiter la sculpture de la fluidité de l'atmosphère, de l'espacement de plans que la peinture s'est naturellement appropriés. Il a voulu supprimer une convention du bas-relief, celle qui soude le personnage à la pierre ou au bronze. Ce personnage, il le veut libre, non pas libre comme une statue, difficile à placer dans un décor réalisé artistiquement, mais libre dans son cadre naturel, avec le contact des objets familiers. Il continue à loisir la coulée du bronze, le conduit à exprimer, en sinueux trajets, le meuble sur lequel l'homme est accoudé, la bouteille posée sur la table, le parquet, la route où il marche, l'arbre qui se profile en avant ou en arrière de lui. Il peut, par une juste indication de perspective, indiquer la lointaine ligne d'horizon, bâtir sommairement un panorama de ville, fixer un nuage. Personne, plus que Raffaëlli, ne respecte le grand passé de la sculpture, et il n'y a pas, certes, d'irrespect à vouloir employer cette sculpture à exprimer le pittoresque de nos mœurs intimes. C'est là son ambition en essayant cette figuration d'êtres découpés et si réels. Il croit que la statue et le bas-relief sont surtout faits pour décorer des tombeaux, que c'est une forme de l'art dont nous ne pouvons jouir pleinement qu'après notre mort. Il oublie que c'est aussi un art de places publiques et de hauts monuments. Mais, précisément, ce qu'il poursuit ici, c'est un art qui soit le contraire de l'art des ronds-points et des sommets de buttes. La diversion est permise. Il veut l'œuvre sans piédestal, la sculpture d'appartement ou plutôt de muraille. La statue et le bas-relief, tels qu'on les pratique, ne peuvent pas prendre place dans nos chambres exiguës. Lui, il accroche au mur, avec un ou deux centimètres d'intervalle, la feuille de bronze qui ne tient pas plus d'espace que le tableau ou le dessin. Il trouve le moyen d'éterniser, par la durable matière, des aspects qui étaient soumis à la fragilité des toiles et des panneaux, au hasard de la fabrication des couleurs.

Tout devient réalisable, sous une forme de souple défilé multiple comme la vie. Aucun détail de la vie contemporaine, de cette vie d'aujourd'hui où la sculpture semble s'être achoppée, n'est impossible à inscrire sur ces tableaux familiers. La redingote, la blouse, l'habit, le tricot, y trouvent place sans difficulté. Le paysage y apparaît, par un artifice inattaquable, et cette prise de possession semblait jusqu'à présent bien problématique. Elle se trouve, dès maintenant, suffisamment marquée par un des exemples apportés par Raffaëlli à l'appui de sa conception. L'arbre devant lequel viennent de passer le chiffonnier et son chien ne suggère-t-il pas, avec une précision singulière, l'idée d'un paysage particulier, d'une grande route de pauvres, d'un pays désolé et plat, d'un vent âpre dépouilleur de branches ?

Pour la mise en scène d'attitudes et d'actions humaines, elle se zigzague en méandres de bronze infiniment expressifs. Un homme est assis au cabaret, le coude sur la table. Une voiture à bras, où s'entasse et se hérisse un mobilier strictement composé, monte une pente absolument appréciable par la position des roues dégringolantes, de l'homme qui tire, de la femme qui pousse. Une servante s'arrête en son balayage. Tous les accessoires du métier de rémouleur sont présents autour de l'homme qui active sa pédale, s'acharne sur sa roue, les outils à leur place, la cafetière d'eau à portée de la main. Et ce qui reste à dire, c'est que l'art particulier de Raffaëlli est visible partout, dans ses sculptures, comme dans ses toiles et ses dessins. Son modelé, toujours appliqué et poursuivi dans le sens des objets, est vigoureux et ligneux comme son trait de crayon et sa touche d'huile. Le buste de paysan à la casquette de loutre, le profil de cantonnier, sont reconnaissables et se révèlent signés au premier coup d'œil. La servante est populaire et saine, coquette et alerte. L'homme au cabaret est accablé de labeur ou de marche, une songerie s'est installée dans sa tête inculte, derrière son front soucieux. Il a la seule joie d'une minute de repos, d'une pipe étroitement tenue en ses doigts et tout près des lèvres.

VIII

MEISSONIER

3 février 1891.

Ceux qui n'ont pas connu l'homme n'ont pas à examiner les événements de sa biographie et les traits de son caractère. Il importe peu que Meissonier ait été mêlé à la querelle des deux Salons, et il n'y a qu'à souscrire aux éloges qui s'adressent aux vertus privées, à la probité, à la bienveillance, au courageux travail de celui qui n'est plus. Il ne peut être question que de sa production de peintre. Cette production, qui commande toute une spéciale peinture de genre, de sujets en somme fort restreints, ne figurera pas ici par une longue dissertation, et n'excitera pas l'admiration coutumière.

Le peintre a été, certes, des plus habiles. Il a exécuté certaines toiles avec une volonté étroite et une dure précision auxquelles il n'est pas difficile de rendre justice. Il a surtout montré son savoir par des études qui ne subsistent guère dans les œuvres achevées. Mais l'ensemble de ces œuvres est antipathique aux yeux et à l'esprit par le jeu de patience des détails, la dureté des contours, le froid modelé sans lumière, l'absence d'émotion et d'intellectualité, le désagréable parti pris anti-artistique de l'anecdote. Il y a eu seulement là un grand succès dû au fini de l'exécution, et une grande influence expliquée par le grand succès.

Mais en art, les influences, les imitations, les traditions, les théories, n'ont pas à être invoquées. Et ici moins que jamais. La fabrication de la peinture de genre, de l'abominable anecdote à costumes, est rapidement devenue une des plaies des Salons annuels et des expositions à la mode. Elle sévit encore à l'heure actuelle, et Meissonier est certainement le grand responsable de cet envahissement de la cimaise par tant de costumes Louis XIII, Louis XV, Directoire et Premier Empire. C'est lui qui a installé dans l'art de notre temps le tableau de format flamand, où se voient des vêtements de bal masqué et des bibelots d'étagère.

Non pas que le tableau d'histoire et l'évocation du passé soient interdits à l'artiste. Delacroix, lui aussi, a habillé des personnages de vêtements disparus et les a fait se mouvoir à travers des décors qui sont aujourd'hui des ruines. Mais devant ses toiles on ne pense pas au costume, on voit le geste et la physionomie, on assiste au surgissement d'une passion d'amour ou de colère, on s'enivre de l'harmonie des sentiments et des couleurs. Devant les toiles de Meissonier les plus célèbres, l'obsédante idée du modèle, du mannequin, de la défroque, envahit l'esprit. Le procédé méticuleux, le travail puéril, stupéfient l'imagination. Qu'il s'agisse du graveur à sa table, du joueur d'échecs, du liseur, du fumeur, de l'homme en contemplation à sa fenêtre, — ou des furieux de la *Rixe*, ou des cuirassiers lancés dans une charge, ou de Napoléon à cheval, l'application est la même.

Nulle synthèse, nulle grandeur de dessin, nulle enveloppe d'atmosphère. Le cuirassier et le cheval, qui partent dans un galop d'escadron, sont vus d'aussi près, représentés dans les mêmes innombrables détails, que l'homme vu à deux pas, dans une immobilité absolue. Chez celui-ci, une telle preuve de vision étroite est déjà choquante, on s'étonne de ce parti pris singulier, de cette impuissance à généraliser. Qu'est-ce donc, lorsqu'on regarde un tableau qui veut donner la sensation du grouillement d'une armée, d'un violent passage de cavalerie !

On aperçoit un extraordinaire échantillonnage de buffleteries, de boutons et de galons, on compterait les poils de la moustache de l'homme, les crins de la queue du cheval. Dans les figures au repos, c'est l'équivalent de la photographie faite à loisir, avec le choix de l'attitude et de l'éclairage. Dans les figures en mouvement, c'est l'équivalent de la photographie instantanée. Quelle que soit l'occupation, l'attitude des modèles, il y a toujours un « Ne bougeons plus » dans chacune des toiles de M. Meissonier.

Ses admirateurs, dont je viens de lire avec soin les dithyrambes, reconnaissent, presque tous, qu'il n'a pas le sentiment des plans et des distances, qu'il ignore l'harmonie générale, qu'il a vécu hors de son temps, non par inquiétude et en vertu d'une aspiration supérieure, mais par goût d'imi-

tation. Quelques-uns même veulent bien
reconnaître qu'il y a eu avant lui des peintres militaires qui s'appelaient Gros, Charlet
et Raffet. La grande majorité célèbre les récompenses obtenues aux Expositions et
l'énorme valeur marchande des tableaux.
Pour rendre un hommage vraiment national à l'artiste qui vient de mourir, on s'est
ingénié à calculer le prix de tous ces chefs-
d'œuvre par centimètre et par mètre carré.
Que pourrait-on ajouter à tant de louanges,
sinon qu'on a fait subir au peintre décédé
une apothéose un peu cruelle?

IX

J-B. JONGKIND

8 décembre 1891.

On a organisé à l'hôtel Drouot la vente
des œuvres, tableaux, esquisses, études et
aquarelles du peintre hollandais Johann-
Barthold Jongkind, né en 1819, à Latrop,

près Rotterdam, mort cette année à la Côte-Saint-André, en Isère. La biographie artistique officielle de l'artiste peut être vite rédigée. On a tout dit, quand on a rappelé qu'il eut pour maîtres un peintre de son pays nommé Scheffout, et ici, plus tard, Isabey, et qu'il obtint au Salon une médaille de troisième classe en 1852. C'est tout. Depuis, les jurys refusèrent ses toiles, il se tint à l'écart, très soucieux de son art, très peu soucieux de fortune et de renommée. Lors de l'Exposition universelle de 1889, personne ne s'avisa, parmi ceux qui avaient autorité pour cela, de faire accrocher une seule de ses œuvres à une muraille de la section hollandaise. On peut donc dire sans exagération que Jongkind, connu de quelques amateurs et de quelques artistes, a vécu et est mort ignoré. Ceux qui n'ont pas rencontré l'artiste, et à qui il n'a pas été donné de visiter son atelier, avaient à peine aperçu çà et là une toile signée de lui chez certains marchands. Ses aquarelles, surtout, n'avaient été vues que par quelques personnes. L'exposition et la vente de l'hôtel Drouot ont donc pu révéler complètement à certains un artiste original, qui a joué un rôle important dans l'évolution artistique de ces vingt-cinq dernières années.

Ce rôle, Fourcaud l'a montré dans la notice qu'il a écrite pour le catalogue de cette vente, en racontant avec simplicité l'existence de l'homme qu'il a connu, en analysant de manière sagace l'œuvre qui va être définitivement dispersée. Il s'exprime ainsi, après avoir dénombré les paysagistes de la première moitié de ce siècle :

« Ne croyons pas néanmoins que les maîtres illustres à qui nous venons de rendre hommage aient fixé la vision entière de la terre et du ciel. A le bien prendre, il manque à leurs chefs-d'œuvre quelque chose de cette mobilité, de cette vie instantanée, de cette ondoyance des aspects changeants, pour tout dire de ce sentiment de la succession ininterrompue des effets qui nous ravit en présence d'un beau site, où la plus furtive modification de l'atmosphère déplace les clartés, les reflets, les ombres et transpose les harmonies. Corot lui-même, si merveilleux à évoquer les formes dans la transparente fluidité de l'espace, ne donne point l'idée de ce que j'appellerai l'incessante palpitation lumineuse du monde. »

C'est là, pendant la période de transition entre les paysagistes de 1830 et les impressionnistes d'aujourd'hui, que Jongkind a joué un rôle.

Turner en a joué un plus grand encore, cela est certain. Pour la seconde fois — en 1830, ce fut par Constable et Bonnigton, — sinon l'initiation complète, du moins le trait de lumière aura été fourni par un artiste de l'Angleterre. Delacroix et Corot avaient été de savants transmetteurs en même temps que des artistes individuels assez glorieux. Mais, sur eux, l'art anglais avait eu son influence, comme il l'eut sur Monet et Pissarro, déjà préparés, lors de leur voyage à Londres, et qui revinrent avec l'éblouissement du grand Turner dans les yeux. L'histoire de telles filiations serait intéressante à étudier de près, mais il faudrait le temps de dire toutes les ressemblances, de montrer l'Angleterre influencée, elle aussi, par le xviiiᵉ siècle français, et d'indiquer avec quelque exactitude l'apport de chaque artiste, le mélange de tradition et de nature inclus dans chaque œuvre. Aujourd'hui, c'est le nom de Jongkind qui vient s'inscrire dans cette chronologie. On peut être assuré qu'il y restera et que ses tableaux seront nécessaires dans une salle de musée, non seulement pour leur valeur intrinsèque, mais encore pour la fixation d'une date intermédiaire qu'il est impossible de négliger. Il est facile de s'en convaincre, Jongkind a été préoccupé, un des premiers, de la vérité de l'atmosphère, de la décomposition des rayons lumineux, de la coloration des ombres.

Il marque cette préoccupation dans ses aquarelles, qui sont parmi les plus belles aquarelles qui aient été faites, d'une calligraphie de dessin fougueuse, rapide, et d'une sûreté extraordinaire, d'une couleur infiniment délicate, véridique, apte à mettre en valeur les aspects essentiels des premiers plans, à donner leur éloignement et leur charme aux lointains. De ces aquarelles rapides il extrayait ses tableaux, plus pesants, où il s'essayait à de plus longues analyses. Presque tous sont intéressants, soit qu'il fasse se mirer les moulins de son pays dans l'eau tranquille des canaux, soit qu'il explore la banlieue et les faubourgs de Paris pendant les journées de ciel gris et de sol boueux, soit qu'il produise ses plus délicates pages, à la fin de sa vie, dans l'atmosphère fine et vibrante des plateaux du Dauphiné.

Jongkind restera ainsi comme un constructeur de paysages et un trouveur de nuances d'atmosphères. Il a gardé, en somme, le désir et le sens de l'arrangement des paysagistes hollandais. Il s'ingéniait à « composer » un tableau, à mettre en bonnes places les arbres, les bateaux, les maisons, les voitures, les êtres. Ce souci est visible, surtout dans ses tableaux, et même dans ses aquarelles, si primesautières. Et en même temps qu'il gardait avec respect cette formule des petits maîtres disparus, il pre-

nait sa place de novateur par son inquiétude des transparences de l'air, des jeux
des reflets, des états fugitifs créés par les
heures.

X

LE MONUMENT DE VICTOR HUGO

22 juillet 1890.

Le monument de Victor Hugo, conçu
par Rodin, et qui a été refusé à l'unanimité
par la Commission des travaux d'art, n'a
pas été contemplé seulement par les personnages officiels qui lui ont refusé leur
estampille. Quelques-uns des amis et des
admirateurs de l'artiste ont pu, pendant
plusieurs mois, assister à la mise au jour
de l'œuvre, ils connaissent les raisons pour
lesquelles s'est décidé le sculpteur, ils ont
assisté à ses premières recherches, ils ont
vu, enfin, le commencement de la décisive
exécution. Ceux-là, évidemment, la personnalité de Rodin mise à part, n'arrive-
ront pas à comprendre les motifs pour

lesquels s'est décidée la commission qui admet Injalbert et rejette Rodin.

C'est le Victor Hugo de la dernière période qui est représenté ici, le Victor Hugo définitivement populaire, le vieillard chenu, robuste et un peu las, aux cheveux drus et courts, à la barbe blanche, auquel songe le lecteur d'aujourd'hui, le premier passant venu qui a acheté les *Miserables* par livraisons, et qui a suivi le corbillard du poète. Il est assis, adossé à un roc de Guernesey, fatigué comme un rude ouvrier de la mer qui a fait entrer sa barque au port sous la bourrasque. C'est le soir de sa vie, l'heure dramatique du couchant, où il donne ses livres de songerie et de colère. N'est-ce pas avec cette physionomie, qu'il s'est violemment appliqué à prendre, qu'il apparaîtra aux enthousiastes de son œuvre? Rodin a bien vu et compris cette attitude du vieillard soucieux, fatigué et combattant. Il l'a représenté en une des accalmies de sa bataille poétique. Hugo regarde d'un œil fixe les flots qui battent son île et qui s'en vont, à la marée prochaine, aller battre la côte de France, il a le regard perdu et lointain de ceux qui voient au loin et qui voient aussi au dedans d'eux-mêmes.

Il regarde — et il écoute. La vague qui bat la plate-forme du rocher où il se tient, qui rampe à ses pieds, qui lui fait un piédestal mouvant et écumeux, cette vague a apporté jusqu'à lui, a jeté au-dessus de sa tête les sirènes enlacées qui chantent leurs chants de douceur et de fureur. Elles sont venues, portées dans la longue lame enroulée, elles sont échevelées et ruisselantes, à genoux sur la pierre, se penchant vers le vieillard, lui soufflant leurs haleines d'enivrement et de passion. Jamais l'inspiration qui chuchote et qui crie n'a été exprimée d'une manière plus saisissante, à la fois grandiose et intime. Il y a une hâte et une fièvre dans le rassemblement de ces trois corps de jeunesse et de souplesse infinies. Les visages languides et crispés se rapprochent, les bras se nouent autour des corps comme des lianes, les chevelures et les seins frôlent le poète. Une atmosphère de

séduction l'enveloppe, il est en proie à l'ob-
session de l'idée et du chant, il entend dans
toutes ces voix qui n'en font qu'une, l'hymne
des *Contemplations* et les imprécations des
Châtiments.

Sans doute il va se lever tout à l'heure,
et sa poésie s'en ira encore dans le bruit
rythmé de l'eau et dans la tempête du vent.
Les filles de la mer l'arracheront à son repos et le forceront une fois de plus à courir
avec elles les aventures :

> Toi qui bats de ton flux fidèle
> La roche où j'ai ployé mon aile,
> Vaincu, mais non pas abattu,
> Gouffre où l'air joue, où l'esquif sombre
> Pourquoi me parles-tu dans l'ombre?
> O sombre mer, que me veux-tu?

C'est cette rêverie de poète, et ce repos
prêt à l'action, que Rodin a symbolisés dans
les figures de ce magnifique monument. Il
est bien indifférent, semble-t-il, qu'une telle
sculpture soit en rapport avec les proportions et le style du Panthéon. Il ne s'agit
pas de continuer la construction de Souf-
flot par une ornementation intérieure. Le

Panthéon est devenu un musée civique où des manifestations d'art très différentes doivent trouver place. Il faut en prendre son parti. En tous cas, pourquoi la sculpture serait-elle traitée autrement que la peinture? En quoi les fresques de Puvis de Chavannes révèlent-elles une homogénéité avec les compositions de Cabanel, J.-P. Laurens, Blanc, etc.? Quel programme peut-on imposer aux artistes d'aujourd'hui, au nom de l'esthétique particulière qui a inspiré l'architecte du xviiie siècle et qui lui a fait pasticher Saint-Pierre de Rome dans le Paris des philosophes et de l'*Encyclopédie*?

Il faut ajouter que l'expérience faite pour l'œuvre de Rodin a été défectueuse et nullement concluante, même au point de vue restreint où la commission s'est placée. « Afin de juger de l'effet, dit M. Arsène Alexandre, l'architecte du Panthéon a fait exécuter deux décorations figurées, l'agrandissement, sur une toile peinte, du projet de Rodin, et de celui d'Injalbert pour Mirabeau. C'était déjà une première trahison. Seulement, tandis qu'on avait laissé tel quel le projet de M. Injalbert, on a jugé à propos d'agrémenter celui de M. Rodin de rochers auxquels il n'avait jamais songé, et de surélever son groupe à une hauteur pour laquelle il n'était pas calculé. La commission des travaux d'art, enchantée d'être ainsi induite en erreur, a prié M. Rodin de recommencer une nouvelle esquisse. En vérité, cela est admirable : ce sont quatre ou cinq ronds de cuir et deux ou trois pontifes qui, maintenant, dirigent l'inspiration d'un artiste de cette taille. »

C'est fort bien dit. Il faut ajouter que Rodin a cédé trop vite devant cette stupéfiante décision. A défaut de la direction des Beaux-Arts, qui n'est pas entrée en lutte avec ces juges condamnant un chef-d'œuvre, le sculpteur devait défendre son groupe. Il avait le droit de parler haut, et les arguments n'auraient pas manqué à sa discussion. A lire les journaux, vraiment bien inspirés, perspicaces et respectueux en cette circonstance, le grand artiste aurait eu des

auxiliaires dans la bataille qu'il aurait li-
vrée, et il est à croire qu'il serait resté
libre d'achever son travail selon son inspiration, et non d'après les avis de ce jury
parfois malfaisant, et inutile toujours.

XI

WHISTLER

4 novembre 1891.

Je voudrais donner, à ceux que de telles
choses intéressent, l'adresse d'un chef-
d'œuvre.

Ce chef-d'œuvre est un tableau, encadré
d'or terni, qui mesure 1 mètre 45 sur
1 mètre 65. Il est visible dans une petite
salle, de plafond bas, boulevard Montmartre, dans ce réduit très spécial, bien
connu d'un certain nombre d'artistes
d'hommes de lettres et d'amateurs, exacts
aux rendez-vous que leur donnent ici tant
d'œuvres hautes, profondes, fines, charmantes.

Il y a déjà eu là, organisées par feu Van
Gogh, puis par son successeur, M. Maurice Joyant, des expositions de Claude
Monet, de Pissarro, de Raffaëlli, de Gauguin, de Forain, d'Eugène Carrière. Cette
fois le tableau, inattendu, exceptionnel, est
d'un étranger en visite. Il a pour auteur
Whistler, et c'est le portrait de la mère de
l'artiste.

Whistler n'est, certes pas, un inconnu à
Paris. Il fit vaguement partie, en 1857 de
l'atelier de Gleyre. Il y a bien eu quelque
arrêt dans les relations après le refus du
jury de 1863, qui repoussa la *Fille Blanche*,
laquelle trouva l'hospitalité au Salon des
refusés de cette année-là. Un salon des refusés qui pouvait, d'ailleurs, bravement
supporter le voisinage du Salon des admis! Il eut, en effet, inscrits dans son catalogue, avec le nom de Whistler, les noms
de Manet, Bracquemond, Degas, Cazin,
qui ont acquis depuis quelque célébrité. Le
peintre de la *Fille blanche* ne renouvela
pas de sitôt sa tentative. Il mit quelque

vingt ans avant de décider à nouveau
l'envoi d'une œuvre de Londres à Paris. Il
ne reparaît ici qu'en 1882 avec le portrait
de M. Harry Men. Puis, c'est le portrait
de sa mère en 1883, les portraits de miss
Alexander et de Carlyle en 1884, les portraits de lady Archibald Campbell et de
Théodore Duret en 1885, le portrait de
Pablo de Sarasate en 1886, deux Nocturnes en 1890, et enfin, cette année, au
Champ de Mars, un portrait de femme et
un paysage de la rade de Valparaiso.

Mais ce ne fut ici qu'une série de manifestations artistiques discrètes, beaucoup
moins actives que les manifestations organisées à Londres. James Mac Neil Whistler,
qui est Américain — il est né aux États-
Unis, à Baltimore — a choisi Londres
comme lieu de séjour et, par suite, comme
la scène où il joue d'habitude, et cela très
naturellement, très sincèrement, le rôle qui
lui est échu dans l'existence, celui d'un
artiste rare, convaincu, violemment original. Il est, là-bas, très admiré d'un certain
nombre, et il est connu de tous. Une lettre

adressée à M. Whistler, à Londres, arrive-
rait sûrement et rapidement à son adresse,
à travers le bruyant dédale de l'énorme ville
de chaos et de mystère. Le peintre fait partie
de la vie anglaise. Il en fait partie, à un autre
titre, mais de la même manière que tous les
personnages du tout-Londres, quels que
soient leur profession particulière et leur
importance acceptée.

Le peintre est désigné, mis en vedette
par l'attention publique, classé au nombre
des célébrités, reconnu là où il se montre, comme le prince de Galles, comme
M. Gladstone, comme M. Irving, ou comme
telle professionnelle beauté. Il représente,
sans un effort, le dandysme intellectuel qui
se meut à l'aise au milieu de cette civilisation tumultueuse.

Quoiqu'il n'ait pas revêtu de costume
particulier et que son élégance soit en dedans
et non traduite au dehors par des coupes
et des couleurs voulues, on peut définir
assez bien son attitude d'esprit artistique en
rappelant l'attitude de littérature du grand
écrivain disparu, Barbey d'Aurevilly. C'est

la même hautaine affirmation du privilège de l'Art, c'est la même ardeur de sensations et la même bravoure de jugements.

Les conversations, les ripostes, les discussions, les procès de Whistler, ont fait en Angleterre autant de bruit que les discours d'un leader et les polémiques d'un maître journaliste. On se souvient toujours de l'assignation qu'il adressa au critique Ruskin, et qui se termina, dans l'embarras où se trouvèrent les juges, perdus dans l'esthétique, par la reconnaissance des droits de Whistler et la condamnation de Ruskin à un liard d'amende ! Depuis, Whistler a toujours su faire respecter sa personne et sa production, et c'est devenu, en somme, une des réjouissances du Londres artistique, chaque fois qu'il expose à Royal Academy, à Grosvenor-Gallery ou dans l'une de ces salles, qu'il décore de si harmonieuse façon pour en faire le milieu logique où doit surgir son œuvre.

Mais ce n'est là que l'apparence d'existence de Whistler, l'au-dehors de sa personnalité, le spectacle de cette personnalité aux prises avec le monde social.

C'est dans le monde moral qu'il vit sa véritable existence, c'est dans la région close où naissent et croissent les sentiments, où s'élaborent et s'approfondissent les réflexions intimes de l'individu. Là, Whistler réside solitairement, sans souci des vaines extériorités, enfermé comme un alchimiste qui cherche la pierre philosophale. C'est aussi une pierre philosophale qu'il cherche et qu'il trouve. C'est la formule éternelle et toujours changeante de l'œuvre d'art, c'est la manière individuelle, forte, sereine et émouvante d'évoquer sur l'étroit espace d'une toile l'image de la vie éphémère. Cette vie, il l'arrête au passage, il la médite, il s'en empare dans son apparition essentielle, et il acharne sa volonté à la fixer, à la prolonger magiquement à travers les siècles.

C'est dans une maison de Chelsea, proche la Tamise, que Whistler habite. C'est là, dans cette demeure discrète en arrière d'un jardinet, dans ces pièces que visite la lumière trouble des jours, dans ce salon de rez-de-chaussée d'une harmonie vert-pàle, dans l'atelier du premier étage, encombré de gravures et de toiles, c'est là que j'eus la grande joie, l'hiver dernier, d'être accueilli par l'artiste sur la présentation de notre ami commun, Théodore Duret, critique d'avant-garde, collectionneur des impressionnistes et des Japonais. Le Whistler de ce logis est autre que le Whistler tel que peuvent le concevoir ceux qui ne veulent connaître de lui que ses mots, ses procès, ses conférences, son allure dédaigneuse, son visage sarcastique, la mèche blanche en aigrette dans sa chevelure noire et la haute canne dont il scande sa marche à travers les salles d'une exposition.

Ici, à ce seuil, expirent les bruits de la foule, s'arrêtent les hostilités ou les manifestations sympathiques de la mode. Whistler devient, dans ce quartier londonien, dans cette maison fermée, le solitaire cloîtré par lui-même, le maître d'un domaine lointain, étrange et silencieux, peuplé de ses pensées, où il règne au milieu de paysages mystérieux qu'il a traversés et qu'il suscite encore, au milieu d'êtres singuliers qui sont proches de son cœur et de son esprit, ses familiers et ses interlocuteurs, et qu'il a créés à nouveau en leur donnant la vie harmonieuse des lignes et des couleurs, ᴧvie profonde de l'expression.

Le portrait de la mère de Whistler est le portrait de l'un de ces êtres qui vivent dans la solitude de l'artiste. C'est le mieux connu et le plus cher sans doute, c'est celui où se trouve exprimé cet amour si doux et si douloureux de la mère qui est chez tous les intellectuels. Allez le contempler là où il est [1], que vous soyez convaincu ou non par cette pâle description.

La femme est assise dans une chambre sévère où traîne la clarté dernière des crépuscules. Elle est tournée de profil, au repos, immobile et songeuse, dans une de ces longues stations des vieillards, ces stations qui paraissent si calmes et qui doivent être

---

[1] Il est maintenant au Musée du Luxembourg.

si intérieurement agitées par toute l'existence qui a été vécue.

Il y a bien du sombre, il y a bien du noir
sur cette douce femme et autour d'elle. Le
rideau à fleurettes, la chaise, le cadre fixé
au mur, un autre cadre dont on voit un peu
la bordure, la plinthe, la chaussure des
deux pieds rassemblés sur un tabouret,
l'ample robe, tout cela est noir, d'un noir
de deuil, d'un noir de tentures funèbres,
d'un noir de lettres de faire-part. Mais la
vie est réfugiée dans ce décor de tristesse,
la vie d'un cœur chaleureux et d'une pensée sereine. Les deux mains menues perdues dans les manchettes, et appuyées au
creux des genoux sur un mouchoir de dentelle, le visage amaigri, fin, pensif, abaissé
vers le sol alors que les yeux se lèvent vers
les visions invisibles et certaines, ces mains
et ce visage sont de la réalité la plus douce,
de la chair la plus soyeuse et la plus tiède
que jamais artiste ait évoquée avec un respect attendri devant la vieillesse qui a gardé
de la jeunesse la grâce, — ce souvenir exquis
de la beauté.

Cette grâce, cette beauté, cette jeunesse, sont présentes. Elles sont partout errantes, et elles se fixent à la sinuosité de la bouche rentrée, au profond du regard, à la fleur rose qui fleurit encore sur ces joues amaigries. C'est ce rose, plus encore que cette lumière d'argent et de vermeil qui remplit la chambre, c'est ce rose qui éclaire ces murailles, ces tentures, ces vêtements, où se sont accumulées tant de ténèbres. « Depuis qu'il existe des peintres, écrivait exquisement d'Aurevilly, n'est-ce pas toujours sur une palette noire que se broie le rose le plus doux? » Et il disait aussi : « L'amour, la jeunesse, les premières ivresses de la vie, tout cela est si beau quand tout cela n'est plus, tout cela s'empourpre tant en nous quand le noir de la nuit nous tombe sur la tête... »

C'est l'admirable signification de cette toile où rayonne un art de simplicité, d'harmonie, de grandes lignes, comparable seulement à l'art des plus grands artistes, et d'une signification si individuelle, si nouvelle. Œuvre admirable, harmonieuse,

image grave et profonde où le génie du
Nord resplendit dans la pénombre avec
une fierté incomparable et une douceur infinie! En même temps que le portrait de la
Maternité, tel que pouvait le concevoir le
fils né de cette femme et devenu un grand
artiste, c'est un poème extraordinaire à la
gloire de la femme. Il est peut-être trop indiqué de prendre une créature de jeunesse et
de beauté, en croissance ou en épanouisse-
ment, et de la donner à admirer sur la toile
où elle a été transportée. Whistler a montré
qu'il était aussi facile pour lui de la prendre,
alors que sa taille, flexible et souple, tombe
aux attitudes lasses, que ses cheveux s'ar-
gentent et que ce rose délicieux des joues
reste délicieux et devient si mélancolique
quand il vient parer l'usure du corps et le
refuge des pensées de la vieillesse.

On a déjà pu voir une fois à Paris, il y a
huit ans, cette œuvre de beauté souveraine.
Whistler avait adressé ce portrait de sa mère
au jury du Salon de 1883. Il fut reçu, ce qui
peut bien être remarqué, et les promeneurs

du palais de l'Industrie ont pu le découvrir
dans la salle où il fut exposé. Il se trouva
même que le jury dépassa la mansuétude
habituelle aux jurys. Whistler vit reconnaître son mérite par une médaille de troisième classe, qui échut en même temps,
d'ailleurs, à toute une promotion de maîtres
superficiels, de peintres achalandés, de mentions honorables de l'année précédente. Le
tableau passa, néanmoins, à peu près inaperçu. Inaperçu, en tous cas, des commissions qui sont chargées de désigner les
œuvres rares et significatives, et qui doivent
deviner quels tableaux vivront suffisamment
pour arriver au Louvre en passant par le
Luxembourg.

En 1891, voici que la merveilleuse toile est
revenue de nouveau à Paris, et il y a lieu de
croire que nous serons, cette fois, quelques-
uns pour l'empêcher de disparaître, vaincue
par le parti-pris du silence plus encore que
par l'indifférence publique. Il se présente
une occasion rare de faire entrer un des
maîtres de la peinture contemporaine et de
la peinture de tous les temps dans ce mu-

sée des artistes modernes, où l'on compte
si peu d'artistes modernes! Ce serait un
acte qui serait compté à l'administration
actuelle des beaux-arts, et qu'elle devrait
tenir à honneur de réaliser. A son défaut,
n'existe-t-il pas à Paris assez de gens capa-
bles de s'occuper autrement qu'aux futilités
ordinaires, et qui sauraient rendre à l'artiste
de Londres le grand hommage qu'il mérite,
et faire don à la France d'un chef-d'œuvre
de Whistler, comme il lui a été fait don,
l'an dernier, d'un chef-d'œuvre d'Édouard
Manet.

XII

MAITRES JAPONAIS

§ I. — LES PAYSAGISTES

Au jardin, dans la vallée, le Japonais a
rassemblé des aspects de nature, installé
des décors multiples. Il s'est ingénié à ré-
duire les choses de l'immensité à des pro-

portions habitables et tangibles. Il semble ici, dans l'intimité de cet enclos, que le possesseur de ce morceau de terre ait le sentiment de la relativité, et qu'il se plaise aux résumés et se satisfasse du possible. Tout est représenté en cet étroit espace qu'une lente promenade de quelques pas peut parcourir si vite. — Il y a la forte et universelle substance, il y a la terre. Cette terre, sous les outils qui la nivellent et qui la creusent, reproduit les ondulations rythmiques du sol, les soulèvements des chaînes de montagnes, les surfaces unies des plaines. — Il y a le fluide et chanteur élément, il y a l'eau qui court, qui jase et qui s'encolère. Le mince filet circule en rivière bordée de sinueuses rives, descend une pente de terrain et tombe en cascade, bouillonne, jaillit, s'apaise et s'approfondit au bassin minuscule qui simule le lac tranquille et la baie rassurante. — Dans les plates-bandes et sur les versants croît la variété des arbres, des arbustes, des plantes, la profusion des fleurs. En même temps que la vérité, l'artificiel triomphe. Pour posséder les nombreuses

essences et créer la forêt imaginaire, le rêveur
et patient jardinier a violenté la nature, com-
primé les sèves, forcé à la petitesse les arbres
aux troncs élevés, aux longues ramures. Il
leur a gardé leur physionomie, mais cette
physionomie complète et caractéristique est
ramassée en dimensions minuscules. Toutes
ces pousses naines, depuis le cerisier en fleurs
jusqu'au chêne multicolore de l'automne,
peuvent tenir dans des pots de fleurs que
l'homme emporte, rentre et sort à son gré.
Son œil s'amuse de ce rapetissement imposé aux libres forces végétatives, mais son
imagination se réjouit de ces images qui en
évoquent d'autres, de cette transposition
artistique qui lui livre, par des jeux puérils,
le spectacle changeant de l'univers. — Il
poursuit donc cette mise en scène, plante des
roseaux sur les bords de l'imperceptible rivière, fait s'épanouir la flore des marécages,
érige dans l'eau un rocher couvert des
mousses des falaises. Qu'il porte ses regards
tout près ou au loin, il est en pleine nature.
Ce jardin miniature est enveloppé d'air lumineux. Sur lui passent les brises de l'été et

les bourrasques de l'hiver, les ondées obliques de la pluie, les cinglantes averses de grêle, les silencieuses tombées de neige. Au printemps, le pêcher et le prunier essaiment leurs fleurs comme des vols de papillons blancs et roses, et les chrysanthèmes échevelés palpitent dans la dorure des derniers soleils. Au loin, c'est l'horizon de la montagne ou c'est l'horizon de la mer.

Comment un peuple qui affirme un tel goût de la terre et de ses ornements de verdures et de fleurs, ne se serait-il pas épris, dans son art, de la représentation des paysages? Cette passion de jardiniers artistes, transmise de pères en fils, persistant à travers les générations, ne devait-elle pas s'affiner encore et s'agrandir chez ceux qui fixaient sur le papier et sur le laque les spectacles familiers à leur vue? A vrai dire, l'histoire du paysage japonais serait l'histoire même de l'art japonais. La vie en plein air mêle, en Extrême-Orient, les mœurs à la nature, fait défiler les êtres sur les fonds de terrains, d'eaux et de ciels. Tous les artistes japonais, plus ou moins, ont

donc été des paysagistes, ceux qui se sont
adonnés à la représentation de l'humanité,
comme ceux qui étudiaient de préférence
les fleurs, les poissons, les reptiles, les oiseaux, les mammifères. Au delà des fleurs
apparaît le jardin, s'étend la campagne. Le
poisson vit dans le dormant, dans le remous, dans la vague, remonte un torrent,
il est environné de pierres, d'herbe, d'algues
marines, et il n'est pas rare que la surface
de l'eau soit indiquée, et le rivage, et l'horizon, et le ciel. A travers les branches de
l'arbre où s'enroule le reptile, où perche
l'oiseau, où s'accroche le singe, les champs,
les bois, les sommets s'étagent. La biche
marche de ses pattes fines sur un sol de
forêt semé de feuilles et d'aiguilles de pin.
Le tigre royal, habitant du ravin et seigneur
tout-puissant de la solitude, contourne son
souple corps et fronce ses impérieux sour-
cils, dans des défilés de rochers aux détours
sinistres, propices aux affûts. Pour l'homme,
en marche guerrière, en voyage, en promenade, en plaisir ou en occupation, il donne
à parcourir aux yeux l'entier panorama du

Japon. Il laboure les champs, descend et remonte les rivières, contourne les montagnes, emplit un faubourg du bruit d'un métier, manœuvre une barque sur la mer, franchit l'enceinte fleurie d'un temple, se réjouit aux farces et aux spectacles de la rue, trébuche à la porte du Yoshivara ouverte sur le lumineux quartier sensuel. La tendance est si marquée, la préoccupation est si forte qu'il n'est pas rare de voir le paysage intervenir dans les scènes d'intérieur. La ronde baie ouverte des appartements est un cadre permanent où s'inscrivent les perspectives de villes, les vergers multicolores, les champs, les monts, les lacs, la mer, les saisons.

Un classement complet est donc impossible, sous peine de réunir tous les objets, tous les livres, toutes les gravures, où s'inscrivent les lignes d'un paysage, un lacis de branchages, un passage de nuées. Quelques-uns des noms de ceux qui ont été plus spécialement des paysagistes seront seuls cités et leurs œuvres indiquées sommairement. Toutefois il m'a paru qu'il fallait, avant de noter des détails individuels et des aspects de talents, reconnaître le milieu où s'était produit cet art de nature et essayer d'entrer, sans préoccupations érudites, dans les âmes subtiles des insulaires du Nippon. Regarder, et regarder sans cesse les productions écloses dans l'atmosphère de là-bas, c'est le meilleur moyen d'entrer en communication avec ces grands artistes. Leur existence et leur cérébralité se font connaître à ceux qui vivent longtemps devant les mémoires et les testaments qu'ils ont laissés en traits décisifs sur ces feuilles volantes où s'inscrivent les immenses perspectives et les détails essentiels. C'est cette impression qui sera éparse en ces lignes rapides. Mais un moyen de contrôle et de confrontation peut être fourni, et je n'aurais garde de le délaisser.

Ces paysages, que les artistes ont dessinés et colorés, les poètes les ont vus aussi et les ont évoqués dans de courtes pièces de vers, des distiques, des quatrains, où ils enfermaient leurs sensations. Tous, et c'est déjà un trait commun, tous, les peintres et les poètes, sont

brefs dans leurs moyens, ont horreur du trop
dire, cherchent l'effet rapide et juste de la
synthèse, laissent à l'imagination un travail
d'achèvement et une course à fournir. Les
poètes veulent marquer une émotion de
l'âme, éveiller un souvenir, le regret d'une
joie, l'irréparable d'une douleur. Il est bien
rare qu'un paysage ne surgisse pas entre
les lignes, ou qu'un terme de comparaison pris dans la nature ne serve pas à
l'explication d'un état d'esprit et d'un état
de cœur. Ils invoquent le nuage qui passe
sur le pic, qui cache la lune, les bateaux
de pêcheurs, les roseaux des rivages, le bruit
du navire s'élevant sur la vague, les ban-
deroles des nuées, la pourpre du soleil couchant. Un vêtement trempé de larmes devient semblable au « rocher de la haute
mer, » à la « bouée du port de Naniva [1]. »
Dans une pièce de souhaits du nouvel an,
on lit ceci :

---

[1] Ces citations et les suivantes sont extraites de
l'*Anthologie japonaise, poésies anciennes et modernes
traduites en français et publiées avec le texte original*
par Léon de Rosny, professeur à l'École spéciale des
langues orientales (Paris, Maisonneuve et Cie, 1871).

« Que votre bonheur soit inépuisable comme la neige qui tombe en ce jour de printemps naissant... »

Une autre pièce de souhaits et de bonheur exprime la crainte par cette image :

« Je n'ose croire que mon bonheur sera d'éternelle durée,

« Comme cette blanche vapeur toujours suspendue sur la montagne de Mifouné, au-dessus de la cascade. »

Quand l'impératrice Dzi-tô, qui règne de 690 à 696, compose une pièce de vers pour honorer la mémoire de l'empereur Ten-bu, elle invoque les soirs et les matins où le défunt contemplait les érables :

« O mon grand seigneur, maître du monde, le soir tu tournais tes regards vers les arbres aux feuilles rougissantes de la colline des esprits, et dès la pointe du jour, tu les cherchais des yeux. Aujourd'hui, tes yeux les chercheraient encore, demain, tu les contemplerais encore! »

Dans la collection des cent poètes, l'homme qui a quitté sa maison pense à la floraison prochaine :

« Bien que mon palais soit inhabité par son maître, n'oubliez pas, fleurs de prunier, d'épanouir au printemps sur le bord de sa toiture. »

L'*Injustice d'ici-bas* apparaît de cette saisissante façon :

« Je songe à me retirer dans la profondeur de la montagne; et, là encore, le cerf pleure! »

Abe-no Naka-maro, qui fit partie, en 716, d'une ambassade envoyée en Chine, regarde la lune se lever pendant le festin d'adieu qui lui est offert. Il va retourner dans son pays, il songe aux endroits familiers d'où il regardait aussi la même montée silencieuse de l'astre, et il compose ces vers :

« Sur la voûte céleste, en ce moment où j'élève mon regard, n'est-ce pas au-dessus de la montagne de Mikasa du pays de Kasouga que la lune se lève? »

L'amour s'exhale ainsi dans la poésie des Pins :

« Après que je t'aurai quittée, si j'apprends que tu m'attends sur le pic de la montagne du pays d'Inaba, où croissent les pins, alors je reviendrai sur-le-champ. »

Et dans les *Feuilles de Wakana* :

« Pour vous, ô ma maîtresse, j'ai été cueillir au printemps la feuille de Wakana dans les prairies ; la neige est tombée sur mon vêtement. »

La vieillesse se revêt de ce symbole :

« La neige qui tombe n'est point celle des fleurs emportées par la tempête : c'est celle de mes années. »

Il y a des pièces intitulées. *En regardant la lune. — La trace des pas dans la neige.* Pour exprimer les caractères différents de trois lieutenants impériaux, la comparaison est cherchée au fond des bois, et le poète fait parler en ces mots expressifs le patient, l'habile et le violent :

« Si le coucou ne chante pas, j'attendrai qu'il chante. »

« Si le coucou ne chante pas, je le ferai chanter. »

« Si le coucou ne chante pas, je le tuerai. »

S'il s'agit de la description d'une courtisane, comme dans la chanson populaire de l'*Étude des fleurs à Yoshivara,* toute la nature est mise à contribution, la neige, la brume, le feuillage du saule, les fleurs d'arbres fruitiers. Si le poète devient moraliste, la déclaration la plus philosophique est inséparable de la célébration de la nature. Ce double sentiment inspire les *Pensers d'automne :*

« Si vous désirez connaître l'endroit où s'acquiert .a nature rationnelle,

« Allez la chercher dans le sentiment de l'humanité et de la sagesse.

« L'air est pur, les collines et les cours d'eau sont gracieux;

« Le vent est haut, la nature est parfumée;

« Les nids d'hirondelle ont perdu leur couleur d'été;

« Les oies sauvages sur leur étang font entendre des chants d'automne.

« Inspirés par cette nature, les amis des forêts de bambous

« Sont indifférents à l'estime aussi bien qu'au mépris du monde. »

Enfin, si l'on veut voir, en un poète, une

vision de peintre, voici deux lignes sur les oies sauvages :

« Les oies sauvages qui s'envolent dans la brume des nuages me paraissent semblables à des caractères tracés dans de l'encre limpide. »

C'en est assez pour faire prévoir la poésie des paysagistes japonais, la joie de contemplation incluse dans leurs œuvres extraordinaires. Il était nécessaire de montrer les caractéristiques japonaises, les qualités communes, les préoccupations semblables. La qualité de vision, le plaisir du regard et de l'esprit, sont portés au plus haut point et prouvés avec une maîtrise supérieure par les peintres. Mais on les apercevra mieux et on les comprendra davantage après les avoir entendu exprimer par les poètes, après les avoir vus mêlés à l'existence de l'homme tranquille et raffiné évoqué tout à l'heure dans son jardin bruissant d'eau, parfumé de fleurs.

Le même amour des choses de la terre,

6

la facilité à accepter les joies de nature fugitives et renouvelées, l'adresse à trouver un charme particulier aux différences des saisons, — ce sont les sentiments instinctifs que l'on trouvera chez l'artiste comme chez le Japonais épris du jardin où il cherche sa distraction et installe sa rêverie. La même concision de moyen, la certitude dans le choix des caractéristiques, la rapidité à désigner une dominante, — c'est la ressemblance de technique que l'on constatera chez les écrivains et chez les peintres, poètes de la même façon. Sans doute, les poètes de l'écriture peuvent mieux marquer la profondeur et la nuance d'un sentiment, et les poètes du dessin sont plus naturellement outillés pour évoquer les spectacles matériels. Les vers ne comportent les phénomènes et les aspects des paysages qu'à l'état de métaphores ingénieuses à mettre en valeur une émotion, et les œuvres des paysagistes ne laissent apercevoir des manières de sentir qu'à travers des constructions et des harmonies individuelles.

Il serait bien impossible de nommer ici

les peintres et dessinateurs dont on connaît des paysages. Ce serait vouloir établir une immense nomenclature, un dictionnaire d'individus, un catalogue d'œuvres. Qu'il suffise d'indiquer, chez les artistes supérieurs, cette tendance perpétuelle à résumer la réalité en grandes lignes, en lueurs décisives. Ils expriment l'aigu des sensations, ils subordonnent les détails au trait qui les représente, à la lumière qui les éclaire, à l'ombre qui les envahit. Ils savent agrandir l'étroit espace où ils inscrivent leurs visions, et sur cette feuille soudain haussée ou élargie, ils montrent, avec un minimum de traits, l'écart entre le premier plan et le lointain de l'horizon, prodigieusement reculé. Souvent il n'y a rien, ou pas grand'chose, dans cet écart béant, mais les deux apparences distinctes sont si exactement en rapport, que tout est révélé. C'est l'atmosphère qui emplit les vides et qui donne aux yeux qui regardent l'extraordinaire illusion de l'éloignement. C'est ce qui se passe dans l'atmosphère qui est l'objet principal, la raison d'être de l'œuvre d'art. Malgré tous les rapprochements que l'on peut faire, et dont quelques-uns, en effet, prennent leur raison d'être dans des ressemblances de résultats, les œuvres des paysagistes japonais et des maîtres impressionnistes d'aujourd'hui n'ont pas les mêmes points de départ. Les grands artistes français auxquels je fais allusion expriment la lumière par le modelé des surfaces, alors que les Japonais ne veulent que la délimitation de la ligne et le secours de quelques teintes pour produire la sensation d'étendue et l'illusion de la lumière.

La tendance est visible dès les commencements connus de l'art japonais, et elle est visible dans tous les genres abordés par les précieux et poétiques manieurs de pinceau dont les œuvres sont venues jusqu'à nous. Le génie de l'Extrême-Orient s'incarne dans une nouvelle race, l'héritage esthétique de la Chine est transmis au petit peuple du Nippon, qui reçoit ce dépôt respectueusement, comme un ensemble de traditions historiques et de préceptes religieux. Les paysagistes d'alors obéissent à la loi commune.

Leur attention ne va pas aux sentiers familiers, aux douces rivières, à la mer lumineuse, à la montagne vue de partout. Les
paysages qu'ils représentent sont des paysages du Japon transportés sous une autre
latitude artistique. Il est permis de croire
que ces premiers peintres japonais ont surtout connu la fin de l'art chinois, les con-
ventions dernières issues de chefs-d'œuvre
probables, originaux et puissants, les conclusions expirantes de tout un long passé
somptueux et raffiné, jalousement défendu
comme un secret social, un mystère de na-
tionalité. Certains ont pu faire le voyage de
Chine et apprendre en partie la chronologie de la tradition, mais on ne recommenc
pas l'idéal poétique d'une civilisation, et le.
instinctifs Japonais, alors qu'ils ne faisaient
que se mettre à la suite des artistes chinois,
annonçaient déjà des explorations personnelles et des découvertes inédites.

Dans les œuvres des Japonais des xve et
xvie siècles, inspirées directement de la fantaisie hiératique de leurs voisins du conti-
nent asiatique, dans les productions de Ses-

6.

shiu et de son école, de Keishoki, de Doan et
de Schiuboun, un contemporain de Sesshiu
encore plus étroitement appliqué à l'imitation, on trouve déjà les indices de la personnalité de la vision et de la liberté du pinceau. Il y a, de Sesshiu, des noirceurs d'encre,
des violences de traits, à travers lesquelles
s'aperçoivent un chemin de montagne, un
assaut de l'eau contre des arbres et des rochers, et déjà la tache et la diffusion de la
tache, par les plus simples procédés, an-
noncent la curiosité pour les choses et
l'amour des états d'atmosphère. Keishoki
donne l'impression vraie de l'espace de
brume flottant en lac de vapeur suspendu
entre deux sommets de montagne. Cet autre,
anonyme, amoncelle la neige, profile le squelette d'un arbre et fait errer un cavalier à
travers une immensité d'hiver. Chez eux, et
chez les Kano, dont les œuvres marquèrent
une phase de l'évolution artistique, une réac-
tion contre le nationalisme purement aris-
tocratique des Tosa, l'enseignement chinois
fut singulièrement productif. Si les œuvres
qu'ils connurent présentaient des signes d'en-

têtement et de décrépitude, ils ne surent
pas moins y démêler la grandeur du dessin
sommaire, l'agrandissement du sujet par
l'emploi des lignes et des taches expressives.
C'est le point de départ de l'art des paysagistes japonais, et le génie de leur race se
trouve en accord pendant trois siècles avec
ces premières affirmations. En dehors des
différences individuelles, un caractère général frappe surtout les yeux et l'esprit, et
peut-être tout le dessin des dessinateurs japonais se résume-t-il dans ce fait que les
traits par lesquels ils représentent les objets
ne reproduisent jamais que l'essentiel des
choses. Une avancée de promontoire, un
bord de rivière, un découpage de montagnes
donnent à parcourir aux yeux d'immenses
paysages. Chez tous les représentants de
cette dynastie des Kano, qui naît au xvie siècle, qui traversa le xviie et le xviiie siècles et
vit jusqu'à nos jours, il y a, d'abord, avant
tout souci de particulariser, l'ambition de
faire percevoir un état géologique et atmosphérique, la lourdeur du minéral, la fluidité
de l'air, la force d'un élément. Ils sont les

montreurs de la plaine, du roc, de la montagne, de la rivière, du lac, de la mer, de la pluie, de la neige, de la brume, du vent, du soleil, — de la terre, de l'eau, de la lumière.

Chez tous, on les trouvera, ces préoccupations de résumé et d'agrandissement, — chez Motonobou, qui fait traverser l'air par des rayons lumineux et qui donne à entrevoir des montagnes, — chez Tanyu qui peint des collines basses bleutées, — chez Naonobou, — chez Yassunobou qui déroule d'infinies perspectives sur la bande étroite d'un makiyemono, des paysages rapides, des panoramas à vol d'oiseau, des levers de lune dont la clarté vibre en ondes molles au-dessus des basses rizières, des sommets qui émergent et s'étagent.

Tsunenobou exprime une densité d'atmosphère, un ciel bas, un sol où s'assourdissent les bruits, une nature rendue froide et muette, en faisant se dresser un échassier debout, sur une patte, dans une brume de neige. Guéami, d'une école parallèle à celle des Kano, inscrit les quatre saisons sur la même feuille, en partant de l'arbre en fleurs du printemps pour aller aboutir au sommet glacé par le perpétuel hiver des hautes régions. Un doux rêveur, Soami, fils de Guéami, dégage des frêles vapeurs les toits de maisons, les extrémités de branches, étage les kiosques dans la brume et fait sortir soudain une rivière d'un couloir de hautes montagnes. Je les nomme ici sans ordre, au hasard des rencontres, comme en courant à travers les musées. Voici celui qui ne peut être oublié, Korin, le maître unique, se servant du moindre fragment pour évoquer les ensembles.

Depuis la fondation de l'art populaire par Moronobou, à la fin du xvii° siècle, les artistes qui s'avisent de raconter les mœurs et de montrer avec précision les endroits où se passent les scènes, n'ont pas pour cela renoncé aux grandes lignes des paysages, à la poésie de l'étendue. Ils n'ont plus le sens des paysages en quelque sorte abstraits de leurs prédécesseurs, — et il faudra en arriver à Hokusaï pour trouver réalisée l'alliance de la vérité familière et des généralisations de la matière, — ils sont quelquefois amusés de gracieuses puérilités, et confinés dans des sécheresses de technique. Mais ils sont les historiens au jour le jour de leurs pays, et ils gardent, à travers toutes les différenciations, un sens des beaux spectacles et une tendance aux éloquents résumés.

Devant leurs œuvres, on peut encore passer les heures de rêverie et deviner des perspectives, et ajouter, aux provinces qu'ils parcourent, des contrées d'imagination. La figure humaine joue d'ailleurs un grand rôle dans leurs compositions, et certains d'entre eux l'ont réalisée de telle façon typique et grandiose que leur part est ainsi suffisante et qu'on ne peut leur demander injustement le génie panthéiste qui est le lot de quelques rares individus. Ne suffit-il pas que les artistes de la famille des Outagawa aient été les fins chroniqueurs qui font défiler la vie publique du Japon dans les paysages coutumiers, fêtes de nuit de Toyoharu, fines architectures, foules spirituelles de Toyohiro, Ilustrations théâtrales et scènes de mœurs de Toyokouni, promenades de femmes de Kounisada, mises en scène fastueuses et mélodramatiques de Kouniyoshi, où les paysages apparaissent comme des décors de féeries. Il y a des feuilles éclatantes très particulières dans l'œuvre de Kouniyoshi, le dernier du groupe, contemporain de Hokusaï, auprès duquel il s'inspire. Dans la mémoire restent le monstre dans les nuées, l'énorme poisson entouré par des hommes en barque, des montagnes ceinturées par des nuées, de grands feux au bord de l'eau, le Fujiyama vu à travers un filet de pêcheur, un arc-en-ciel, la courbe harmonieuse du golfe d'Yedo, la barque au grand oiseau noir en proue, de vives harmonies d'arbres rouges et verts, de chemins jaunes, de ciel bleu, — et ce pays de désolation, ces rocs, ce hameau ensevelis sous la neige au bord d'une mer bleue, pure et hostile, et le prêtre Nitshiren, seul dans le froid et dans le silence, cheminant par la neige qui lui monte jusqu'à la ceinture.

Kiyonaga et Outamaro, poètes de la femme, qui savent ses journées, ses occupations chez elle, ses promenades, ses gentillesses, ses élégances, ses amours, savent aussi quelle nature elle aime, à travers quelles rues elle passe, au bord de quelles rivières traîne sa démarche onduleuse. Qu'on regarde le joli paysage de Kiyonaga, dans la gravure des deux femmes montées en barque, et dans l'œuvre de Outamaro, le plus grand de tous dans la représentation de la femme, qu'on regarde les ponts illuminés, les cieux obscurcis, les blancheurs de lune, les scintillements d'étoiles, les arbres du printemps fleuris de blanc et de rose, la neige légère tombant sur les jardins délicats.

Tous, il faut y insister, ne sont pas nommés, et les biographies d'individus avec énumérations et descriptions de leurs œuvres apparaissent nécessaires si l'on veut connaître l'histoire de l'art japonais. Un chapitre serait consacré à Massayoshi, qui a dessiné des paysages à la manière dont les grands observateurs du crayon prennent des croquis de physionomie. De même, il faudrait faire place aux peintres réalistes de l'école de Shijo (fondée par Okio à la fin du xviiie siècle), épris des brumes matinales, des cimes d'arbres, des montagnes transparentes. Ici, où il ne pouvait être question que d'une revue rapide, il ne reste plus à inscrire que deux noms, celui de Hiroshighé et celui de Hokusaï. Pour moi, je ne les mets pas sur la même ligne et je vois entre eux d'énormes différences de conception et de talents. Mais ils représentent bien, au dernier jour de l'art japonais, les deux directions que l'on peut démêler et suivre à travers l'amas des peintures, des dessins et des gravures.

Hiroshighé est un homme de grand talent, très préoccupé d'exactitude, attentif aux formes des objets, et qui arrive même à éprouver et à faire ressentir les grandes sensations. Il y a de lui une proue de bateau, dans une vignette de deux pouces de largeur, qui suggère le mouvement des lames. Il y a une cataracte qui fait le sujet d'une vaste composition où les remous et les tourbillons des basses eaux sont d'une maîtrise supérieure. Il y a un très beau paysage de neige, blanc et vert, il y en a d'autres encore, certes, et il donne une très haute idée de son talent par les rapides études de ses croquis. Il excelle à voir les choses de près, mais il brutalise un peu les lointains. On peut croire qu'il a été souvent trahi par la gravure qui a grossi son trait, chargé sa couleur. Finalement, il laisse dans l'esprit la sensation d'un imagier-artiste, admirablement doué, destiné aux popularités immédiates, essaimant pour la joie des yeux de tous ses innombrables productions, véridiques et distrayantes, d'un art éclatant et souple.

Hokusaï est un poète d'une autre envergure. Peintre de mœurs comme pas un, affirmant vraiment une vue de philosophie personnelle de l'humanité, ajoutant sa bonhomie malicieuse dans la représentation des êtres à ses vols les plus hardis au-dessus des horizons, il est en même temps, pour s'en tenir aux moyens employés, un coloriste harmonieux et un nerveux et distingué dessinateur. C'est un réaliste en ce sens qu'il est peintre scrupuleux des paysages qu'il a vus, des effets qu'il a saisis au passage, mais un réaliste qui va toujours plus avant,

toujours plus haut, qui affirme sans cesse
l'essence des choses et la force des phénomènes. Une vague de lui s'enfle, s'élève,
s'abaisse et fait songer à toute la mer, à
la rythmique universelle. Partout, dans
les vues du Fujiyama, dans la Mangwa,
il suit le détail le plus infime, — et il délimite les espaces. Il est l'observateur le
plus attentif, l'explicateur le plus scientifique, il mesure rigoureusement les objets,
il décompose les moindres mouvements, —
et il est en même temps un des voyageurs
les plus audacieux qui se soient aventurés
au pays des rêves. Il inscrit les décors immobiles, les rocs inébranlables, les montagnes perpétuelles — il énumère leurs aspects changeants d'ombres perceptibles, le
mouvement des êtres et des choses, il fait
gesticuler les hommes, marcher les animaux, voler les oiseaux, glisser les reptiles,
nager les poissons, il fait bouger les feuilles
des arbres, l'eau des rivières et de la mer,
les nuages du ciel. Le terre-à-terre de l'existence, il le quitte à sa fantaisie, il s'envole
sur l'aile de la Chimère, déforme la vie, crée

des monstres, raconte ses songes de poésie
terrifiante. Il est le paysagiste véritablement
extraordinaire, — il évoque les saisons, de la
floraison du printemps au noir de l'hiver, —
il établit la carte géographique des champs,
des vergers, des bois, — il trace le cours sinueux des rivières, — il fait monter la mer
en écumes de mousseline et en vagues grif-
fantes, — il jette la lame sur le rocher, l'arrondit en volutes épuisées sur le sable, — et là
encore, quand le panorama du monde qu'il
habite ne lui suffit pas, son œil de vision-
naire retourne aux époques antérieures ou
prévoit les cataclysmes futurs, et il bouscule
l'univers, et il invente le chaos.

§ II. — Le Japon a l'école des Beaux-Arts

16 mai 1890.

Il y a foule tous les jours au Salon, et
aux dates des vernissages l'assistance rend
la peinture invisible. Il n'y a pas la même
affluence à l'école des Beaux-Arts, où l'exposition de la gravure japonaise a été ou-

verte en avril. Mais les tourniquets ne font pas la loi, le chiffre des entrées n'est pas une sanction d'art. Si les spectateurs sont moins nombreux dans les salles du quai Malaquais, ils sont en revanche plus attentifs. Chez Meissonier, comme chez Bouguereau, la peinture est le prétexte à réunion et à conversation. Ici, chez les Japonais, la curiosité d'art est surtout visible. Les visiteurs sont des familiers de cette imagerie d'Extrême-Orient si subtile et si simple à la fois, ou bien ce sont des adeptes nouveaux, qui veulent voir et savoir, et qui s'en vont conquis. Les quelques centaines de personnes qui entrent là tous les jours ne passent pas indifféremment à travers les salles, jetant un regard distrait aux murailles, sortant comme elles sont entrées. Non, l'étude est longue et minutieuse. Toutes les estampes sont regardées, on voudrait feuilleter tous les albums ouverts sous les vitrines.

Il faut féliciter les amateurs qui ont eu l'idée d'organiser cette exposition historique : MM. S. Bing, Henri Bouilhet, Philippe Burty, G. Clémenceau, Ch. Gillot, Edmond de Goncourt, L. Gonse, Roger Marx, Montefiore, Guimet, A. Proust, Edmond Taigny, Ch. Tillot, H. Vever. En associant leurs efforts, en réunissant les pièces caractéristiques de leurs collections, ils ont révélé au public japonisant l'ensemble d'un art et d'une civilisation qui n'étaient connus que par fragments. Désormais, quand on a parcouru cette incomparable série, avec l'intelligence des dates, des événements, des transformations, on a scellé de durables relations intellectuelles avec ces artistes qui ont raconté leur pays pendant deux siècles et demi dans un langage inoubliable, de vivacité et de coloris, de brièveté et de rêve.

Il restera d'ailleurs un précieux document dans les bibliothèques, lorsque toutes ces feuilles coloriées, qui auront été visibles pendant un mois à l'École des beaux-arts, auront été reprises par leurs possesseurs : ce document, c'est le catalogue très étendu et très scientifique dressé par M. S. Bing, et qui classe chronologiquement les artistes japonais, depuis le commencement du dix-septième siècle jusqu'à 1860, époque qui marque la fin de la production artistique originale. Ce sont d'abord les livres illustrés en noir sans nom d'auteur, de 1675. Puis les ouvrages illustrés en noir par Hishikawa Moronobou. C'est la création de l'estampe encore subordonnée aux enluminures du pinceau. L'impression en couleurs est proche, les harmonies tout d'abord vont être obtenues par deux tons. Toutes ces transformations vont de 1675 à 1720. De 1720 à 1760, c'est le développement rapide de l'estampe polychrome, l'apparition de livres illustrés en noir et en couleurs. La troisième période, de 1760 à 1800, sera l'apogée de la chromoxylographie. Elle se termine par les noms glorieux d'Outamaro et d'Hokusaï. La quatrième et dernière période, de 1800 à 1860, est encore commandée par Hokusaï, qui incarne, à ses derniers jours, le génie du dessin avec une volonté et une profusion qui n'ont peut-être jamais été égalées.

Après quelques heures passées en contemplation de ces pages innombrables, on sort avec la sensation qu'on vient d'explorer une contrée lointaine où toutes choses, à travers les préjugés d'Europe, ont pu paraître d'abord chimériques ou tout au moins d'une fantaisie paradoxale, et qui, peu à peu, à mesure qu'on a pénétré davantage l'extraordinaire alphabet de dessin employé par les artistes, sont devenues d'une réalité complexe, tour à tour grandiose et intime. C'est une civilisation complète qui est présente, avec les grandes lignes de ses décors et toutes les finesses de ses détails. Et c'est un art qui ne ressemble à aucun autre, issu directement de la vision et des habitudes manuelles de l'Extrême-Orient. La race est incarnée dans cet art, mais les grands manieurs de crayon et de pinceau ont été, là-bas comme partout, des êtres exceptionnels. Ce qui est certain, c'est que le peuple était ingénieux d'invention, habile de ses doigts, sachant façonner des objets et décorer l'usuel de l'existence. Quelques-uns, alors — la liste, en ce qui concerne l'estampe, a pu être facilement dressée — quelques-uns sont venus qui ont poussé à l'extrême le don échu à tant de leurs congénères et qui ont su raconter les paysages et les mœurs de l'archipel. C'est au bout de deux siècles d'art qu'on voit surgir un Hokusaï.

En dehors des différences individuelles, un caractère général frappe surtout les yeux et l'esprit, et peut-être tout le dessin des dessinateurs japonais se résume-t-il dans ce fait que les traits dont ils représentent les objets ne reproduisent jamais que l'essentiel des choses. Une avancée de promontoire, un bord de rivière, un découpage de montagnes donnent à parcourir aux yeux d'immenses paysages, depuis les premiers plans très précis jusqu'aux lointains horizons. Une vague fait songer à toute la mer. Une proue de bateau, dans une vignette de deux pouces de largeur, suggère le mouvement des lames. De même pour les représentations des êtres, ils ont su trouver les lignes qui résument les mouvements, ils se sont bornés parfois à noter la place d'un ou deux muscles. Sans cesse ils ont choisi, et sans cesse ils ont trouvé le détail significatif, celui qui est chargé de représenter tous les autres. Ils en sont arrivés, logiquement, à deviner la brume de l'air, la mousse des vagues, ils ont su enfermer le corps humain dans une seule ligne onduleuse. C'est l'enseignement qui restera de cette exposition. Mais il resterait à trouver une application qui ne fût pas un pastiche. Quel ennui si nos peintres employaient grossièrement de tels procédés par lesquels on a su, là-bas, tout exprimer, faire tenir le monde en d'étroits espaces! Quel ennui aussi, ce Japon destiné à s'européaniser et qui nous enverra incessamment, sans doute, des concurrents pour le prix de Rome! L'art est devenu, décidément, un produit commercial qui s'échange, et les idées font trop facilement le tour du monde.

§ III. — OUTAMARO

28 mai 1890.

L'exposition de l'estampe japonaise à l'É-cole des Beaux-Arts a été heureusement prolongée. On aura pu, pendant quelques jours encore, parcourir cette contrée d'art qui n'avait jamais été ainsi ouverte à tous. Ce n'est pas tout l'art japonais. Il reste à faire connaître des formes différentes, il reste même à montrer, en leur ensemble, des œuvres de maîtres que l'on a seulement pu faire représenter cette fois par quelques pièces. Ce sont deux de ces artistes dont je voudrais inscrire maintenant les noms et caractériser les tendances, au cours de ces chroniques d'art. Il y a, certes, des tendances communes marquées par toutes ces images, de semblables manières de voir et d'exprimer peuvent être constatées. Mais il s'agit du caractère d'une race, et non d'une renonciation d'individualité, de l'acceptation d'une règle d'esthétique rigoureuse et mo-notone. A la simple inspection de ces estampes des murailles, de ces albums des vitrines, les différences profondes et accentuées se révèlent.

Beaucoup peuvent être nommés qui sont tous des artistes essentiellement japonais, qui ne peuvent être nés qu'au Japon, qui ont reçu des choses, de la lumière, des habitudes manuelles, la même éducation, mais qui affirment en même temps des instincts et des choix très opposés, impossibles à confondre les uns avec les autres. Tels sont, pour n'en citer que quelques-uns, Moronobou, Kiyonaga, Outamaro, Hokusaï, Hiroshighé.

Une gravure d'Outamaro, par exemple, s'affirmera parmi des centaines et des milliers d'autres gravures japonaises. On la reconnaîtra de loin à ses traits, à sa coloration. Celui-là semble avoir été pris à la fois de mélancolie et d'exaltation devant les femmes de son pays, les courtes et menues créatures que les voyageurs nous ont décrites comme de vifs et gentils petits animaux, et que nous avons pu voir depuis circuler dans les galeries de nos expositions internationales. Outamaro à n'en pas douter, a été affecté par cette petitesse. Il devait être opiniâtrément convaincu que les grandes lignes et les longues formes effilées sont les indispensables conditions d'existence de l'art, car il a violemment passé outre et inventé la femme qui n'existait pas. De la naine qui bougeait devant lui il a fait jaillir à profusion d'élancées créatures qui restent immobiles en d'hiératiques postures, qui semblent pâlir et s'évanouir dans la torpeur d'un rêve, qui marchent en une lenteur rythmique au bord de lacs de rêverie et de fleuves de paresse, dans le doux rayonnement des fêtes nocturnes.

Il a pris pour modèles de minces fillettes, des mères de famille parvenues à la mûrissante saison, d'aristocratiques personnes en promenade, des servantes d'auberge. Toujours il a dégagé d'elles une sérénité, toujours son pur dessin flexible a augmenté la grâce et la sveltesse de leurs corps. Le plus souvent, celles qu'il a suivies aux premenades, qu'il a isolées comme des idoles, ce sont les

courtisanes somptueuses, le buste capara-
çonné de brocards, les reins et les jambes
entourés de souples et collantes étoffes, de
robes enroulées qui donnent à la femme
une courbe de sabre ou de vague. Et de
même qu'il supprime les épaisseurs, qu'il
anoblit et endort les visages, qu'il affine les
mains et les gestes, de même il calme les
couleurs voyantes, les éclats de vêtements,
il se plaît aux noirs profonds, aux douces
blancheurs, aux nuances apaisées, aux roses,
aux lilas qui se perdent et s'effacent en
mourantes décolorations.

§ IV. — HOKUSAÏ

30 mai 1890.

Il faut, après Outamaro, hiératique et so-
lennel, citer l'autre grand artiste qui est au
pôle opposé de l'art, Hokusaï, naturiste et
familier, épris des formes multiples de
l'existence.

Celui-là s'est intéressé à tout. C'est évidemment un des plus prodigieux parmi les

créateurs de formes et de mouvements. Il est à souhaiter qu'on expose un jour en entier son œuvre incomparable. On saura alors, comme on ne l'a jamais su, ce que peut être une existence vouée à la vision des choses. Le dessinateur apparaîtra dans sa hâte et sa joie de tout regarder et de tout reproduire. On comprendra le spécial état de fièvre dans lequel devait se trouver celui qui écrivait à la fin de sa vie ces lignes naïves et exaltées : « Depuis l'âge de six ans, j'avais la manie de dessiner les formes des objets. Vers l'âge de cinquante ans, j'ai publié une infinité de dessins, mais je suis mécontent de tout ce que j'ai produit avant soixante-dix ans. C'est à l'âge de soixante-treize ans que j'ai compris à peu près la forme des oiseaux, des poissons... A l'âge de cent-dix ans, tout ce qui sortira de mon pinceau, soit un point, soit une ligne, sera vivant. »

Le programme a été accompli par Hokusaï, mort à l'âge de quatre-vingt-dix ans. Né en 1760, il a dessiné jusqu'à son dernier

jour, en 1850. Simplifiant toujours de plus
en plus, il en était arrivé, vraiment, par
l'inflexion d'une ligne, par la place donnée
à un point, à résumer la forme apparente
des êtres et des objets et leur structure intime. Il en exprimait à la fois l'aspect de
surgissement et l'essence cachée. Il ne gardait sur son papier que la forme envelop-
pante, ce qui s'impose aux regards lors
d'une furtive apparition et ce qui reste
dans le souvenir quand la vision a disparu. Et en même temps, par on ne sait
quel sortilège d'indication, par une juste
mise en place du détail caractéristique, par
une fixation de nuance et de frisson qui est
la vie même, il donne l'idée du flux intérieur, du ressort caché, de la force nerveuse. « Cet homme, dit Edmond de Goncourt dans la *Maison d'un artiste*, a le
génie du dessin de premier jet, le talent
unique d'enfermer, dans une ligne tracée
en courant, la vie d'un mouvement humain
ou animal, la physionomie d'une chose
animée. »

Hokusaï a été un illustrateur de livres,

minces brochures et ouvrages en cinquante volumes, il a publié des recueils destinés à l'enseignement du dessin, à l'exercice des métiers, il a signé des affiches, il a employé son pinceau pour des motifs industriels, il a été dilettante raffiné et artisan utilitaire.

C'est que dans le pays et au temps où il vivait, l'art était instinctif et perpétuellement inclus dans la vie. Le Japon, comme la Grèce, comme la France au moyen âge et au dix-huitième siècle, aura eu son expansion et sa plénitude artistiques. Hokusaï a été la suprême incarnation de cet état des esprits et de ce désir esthétique. Mais il a vite repris son rang d'exception, et il se présente aujourd'hui pour prendre sa place parmi les artistes volontaires et aristocratiques. Une seule page de la Mangwa, cet ouvrage en quatorze volumes que l'on peut considérer comme ses Mémoires et son Testament de dessinateur, une seule page de cette Mangwa le révèle en possession du don de voir et de dire sa vision, qui est le don de quelques-uns seulement.

Le moindre de ses croquis peut figurer

dans les planches d'une histoire naturelle, et c'est en même temps de l'art le plus haut et le plus personnel. C'est un anatomiste, un botaniste, un géologue. Par quelques traits qui cherchent toujours la brièveté, la simplicité, l'expression, il dessine des êtres vivants, des fleurs, des pierres. Il modèle des corps minuscules en une incomparable largeur de dessin. C'est un observateur exquis des actes et des sentiments, il n'est pas un copiste banal, il pénètre, il juge, il reste lui-même, au point qu'il n'est pas un seul de ses admirables croquis pris dans l'au jour le jour de l'existence, qui ne soit une révélation de son âme singulière, faite de fine malice et de haute poésie.

§ V. — HOKUSAÏ A LONDRES

Londres, 22 novembre 1890.

Au milieu de Londres, 148, New Bond street, une exposition de peintures, dessins et gravures de Hokusaï est ouverte, grâce aux collections de M. S. Bing, dans des locaux et avec le concours de *The fine art Society's*. Il ne s'agit plus ici, comme à Paris au mois de mai dernier, dans les salles de l'École de Beaux-Arts, de montrer une suite chronologique, un ensemble de gravures et de dessins japonais, depuis les origines influencées par l'art chinois et les premières productions de l'école classique, jusqu'aux derniers dessins des derniers artistes. Le seul Hokusaï occupe la salle d'exhibition, et il pourrait en occuper bien d'autres. C'est un choix dans son œuvre, c'est un assemblage de pièces différentes choisies à toutes les époques de sa vie, et dans tous les genres où s'est exercée son extraordinaire personnalité. Il faudra en venir à ces expositions partielles pour faire naître l'idée exacte des œuvres individuelles, pour qu'on aperçoive que l'art du Nippon, en dehors des caractères généraux de la race, comporte de profondes différences et d'infinies nuances, comme tous les autres arts. Toutes les hautes œuvres sont nées de sensations directes, profondément éprouvées devant la nature et la vie sociale, toutes comportent une vision caractéristique, une manière individuelle, une irrécusable signature.

Ces décisives expériences, où les artistes japonais achèveront de se révéler, je ne serais pas autrement surpris de les voir tenter à Londres si le succès de l'exposition de Hokusaï, très vif hier, jour de l'ouverture, allait s'accentuant. Pourquoi, après le maître qui semble avoir clos, du sceau de son génie, l'existence artistique du Japon, pourquoi ne pas montrer ses prédécesseurs et ses contemporains : Korin, Moronobou, Motonobou, Kounyoshi, Massayoshi, Kiyonaga, Outamaro, Hiroshighé... et tant d'autres? A Londres, il ne serait pas difficile de trouver des salles d'exposition et une critique attentive. A Paris, on peut croire, après l'exposition de la gravure japonaise à l'École des Beaux-Arts, que les visites ne manqueraient pas maintenant à des expositions fragmentées, où l'on pourrait voir et étudier à son aise les œuvres d'un seul artiste. M. Durand-Ruel, qui a montré l'heureuse persistance que l'on sait pour faire reconnaître l'art des impressionnistes, devrait bien installer un peu chez lui, dans une ou deux salles de la rue Le Peletier, les dessinateurs de l'Extrème-Orient.

En attendant, Hokusaï occupe les écrivains d'art, les peintres et les amateurs de Londres. Sa gloire apparaît, comme un soleil tardif, à travers le brouillard, son rire spirituel se fait finement entendre à travers le bruit de bataille de la tumultueuse ville. C'est un charme, en quittant la rue violente, houleuse de foule, où les cabs filent et oscillent comme des bateaux secoués par les lames, c'est un charme de trouver, dans le tranquille abri, le petit peuple enfantin et narquois, souriant, subtil et puéril. Les contemplatifs s'accoudent et réfléchissent, pêchent à la ligne, fument leurs minuscules pipes, regardent la dorure du soleil sur le sommet d'une montagne. Les promeneurs circulent, la tête cachée sous les parasols, les artisans travaillent avec des gestes de drôlerie et des grimaces de bonne humeur. Les femmes passent, les unes vivaces, trottant menu comme des souris, les autres lentes et souples comme des couleuvres. Partout, ce sont de tendres images, des couleurs harmonieuses légèrement indiquées, des profonds paysages dont les perspectives s'éloignent sous des ciels roses, des vagues contournées et mousseuses, des levers de lune qu'un calme poète regarde, assis au frais d'une terrasse, des tombées de cascades bleues, des feuillages d'automne, de rouges érables, d'échevelés et somptueux chrysanthèmes... Au dehors, dans Londres, les locomotives mugissent, le mouvement de la rue s'accélère, la suie tombe.

On n'est pas choqué, pourtant, en sortant de ce refuge, par la différence de la vie et de l'œuvre d'art, qui éclate parfois si brusquement au sortir d'une exposition. Certes, la représentation de l'existence au Japon n'est pas en accord avec l'existence de Londres. Toutefois, il y a un tel accent et une telle souplesse dans ces dessins de Hokusaï, que l'unité s'établit, que la vie semble reprendre et continuer au dehors. On vient de voir des Japonaises, on voit des Anglaises, et il semble que ce soient les mêmes femmes en marche, les jambes nerveusement projetées en avant, le souple buste en arrière, la tête doucement penchée.

On peut, dès maintenant, après cette nouvelle présentation d'œuvres, affirmer que Hokusaï est un maître égal aux plus grands de Grèce ou d'Italie, d'Espagne, d'Allemagne ou des Flandres. Il y a ici une série de dessins originaux, des portraits d'une fine précision, des silhouettes d'une grâce émouvante, des dessins qui ne craignent aucune confrontation, qu'on peut placer aux murs des musées et dans les cartons de chefs-d'œuvre, avec les feuilles dessinées ou gravées où se lisent les noms du Vinci, de Holbein, de Rembrandt, de Goya.

§ VI. — A PROPOS DE LA VENTE BURTY

19 mars 1891.

On a vendu la bibliothèque, les estampes, les tableaux, aquarelles et dessins qui composaient la collection de Philippe Burty. Ensuite, c'est la mise aux enchères des peintures, des estampes japonaises, des objets d'art japonais et chinois. C'est à propos de ces dernières collections, où s'était affirmé le goût du critique d'art pour l'esthétique de l'Extrême-Orient, qu'il importe de faire une remarque et d'exprimer un regret. Il suffit de feuilleter les deux catalogues dressés par MM. S. Bing et Ernest Leroux pour reconnaître l'importance des séries dispersées. Il y a là, surtout, dans cette collection Burty, établie par l'effort de toute une vie, contrôlée par un goût difficile, une histoire résumée des manifestations artistiques du peuple du Nippon, pendant plusieurs siècles. Les amateurs n'ont donc pas fait défaut. Un seul acquéreur n'apparaît pas : aucun représentant des musées nationaux n'a acquis une de ces œuvres précieuses qui appartiennent à l'art universel.

Si le budget des beaux-arts n'existe pas lorsqu'il se présente une occasion de ce genre, on ne voit pas trop bien à quoi il peut servir. Si les fonds dont on peut disposer sont insuffisants pour acquérir de magnifiques dessins qui sont adjugés pour quelques centaines de francs, de merveilleuses estampes qui trouvent acheteurs à cinquante francs et même moins, il faut le dire et expliquer une bonne fois comment sont employés les subsides votés par la Chambre... Mais, d'ailleurs, nous le connaissons trop, cet emploi de fonds, et il n'y a, pour le connaître, qu'à visiter le stupéfiant musée du Luxembourg, qu'à parcourir les listes d'achats annuels du Salon. Où s'en va toute cette peinture, où s'en va toute cette sculpture, qu'on emporte par cargaisons, aussitôt le Palais de l'Industrie fermé? Vers quels mornes musées de préfectures dirige-t-on ces toiles prises dans le tas, celles-ci ou celles-là, qu'importe! sous quelles voûtes d'églises accroche-t-on les tristes peintures à l'eau bénite qui propagent la religion en faveur dans les boutiques du quartier Saint-Sulpice, au milieu de quels squares lamentables érige-t-on les guerriers, les nymphes, les allégories en marbre et en bronze, qui méritaient à peine le zinc et la mie de pain!

Pour encourager cet art-là, pour l'installer sur les places publiques et dans les musées, on trouve de l'argent, on en trouve même beaucoup, et il n'y a personne pour surveiller et pour dénoncer ces pratiques, et pas un fonctionnaire des beaux-arts n'a un sursaut devant ces besognes! On subventionne n'importe qui, on fait droit à des centaines de demandes, et de grands artistes ont attendu pendant vingt ans, pendant trente ans, pendant toute leur vie, que justice leur soit rendue. Que dis-je! ils ont attendu un peu d'équité, un peu d'impartialité, une heure de repos et de sérénité. On encombre les cathédrales, les hôtels de ville, les théâtres, tous les édifices publics, de peinturlures quelconques, exécutées au mètre carré, et on ne peut pas acquérir la vraie œuvre d'art qui apparaît dans une vente et qui est immédiatement ravie par un amateur, ou par le représentant d'un musée étranger!

Pour s'en tenir à cette vente de Burty, après les rares estampes de Korin, d'Outamaro, de Massayoshi, de Hiroshighé, elle a mis en vue une admirable collection de Hokusaï, qui est un des grands artistes de tous les temps et de toutes les nationalités, des kakémonos, des peintures originales, parmi lesquelles l'extraordinaire poisson de Mori Sosen. Et ni le Louvre ni la Bibliothèque nationale ne se présentent! Les laques, les objets en bois sculpté, en ivoire, en bronze, en argent, les armes, les gardes de sabres, sont offerts aux curiosités et aux convoitises, — il y a des pièces uniques parmi ces dix-huit cents objets, — et on ne profite pas d'une telle circonstance pour ouvrir une salle, pour installer au Louvre l'art prodigieux, si fort et si délicat, de la Chine et du Japon [1]!

---

[1] Depuis, cette installation a eu lieu grâce à MM. Clémenceau et Bourgeois. L'art japonais, représenté par deux belles statues de bois, est désormais au Louvre ailleurs qu'au musée de marine.

XIII

SALON DE 1890

aux CHAMPS-ÉLYSÉES & au CHAMP-DE-MARS

§ I. — PREMIER VERNISSAGE

Les fêtes se multiplient. Deux vernissages au lieu d'un. Les plus exigeants devront se déclarer satisfaits. S'il pleut aujourd'hui, si les victuailles manquent aux restaurants, si les voisins de tables sont déplaisants, ce sera une revanche à prendre dans quinze jours, au Champ de Mars. Et même, si l'on pense tout à coup que l'on a été convoqué sous un prétexte d'art, si l'on s'avise de regarder aux murailles, et si les œuvres montrées au Palais de l'Industrie apparaissent médiocres, on gardera l'espoir d'aubaines meilleures dans le Pavillon des Beaux-Arts laissé vacant par la disparition de l'Exposition du Centenaire.

On s'est beaucoup préoccupé dans les milieux élégants et intellectuels de savoir si la disparition d'un certain nombre de peintres, dont quelques-uns sont à la mode, amènerait un changement dans les dispositions d'esprit du public, si les visiteurs habituels déserteraient en masse l'ancien local pour le nouveau. On peut dès à présent se rassurer. Les habitudes ne se changent pas ici en un jour. Les journalistes que la dureté des temps force à écrire des comptes rendus de Salons, et qui ont été machinalement retirer leurs cartes, ont pu voir par l'affluence des quémandeurs et des quémandeuses que l'annuelle solennité n'avait rien perdu de son prestige. L'empressement est le même, le désir de voir et de se faire voir est aussi exalté.

C'est un prétexte à sortie, à toilettes claires, à bouquets, à gaîté de vin de Champagne, et c'est là l'important pour l'aimable assistance. Réellement, cette journée du 30 avril est un rendez-vous parisien où

l'on ne se préoccupe que très peu de vernis
et presque pas de peinture. Pour les galeries où sont les dessins, pastels, miniatures,
et pour la nef peuplée de sculptures, ce sont
es fumoirs de l'établissement. Une telle
indifférence a sans doute sa raison d'être, et
si elle est peu flatteuse pour les sociétaires,
du moins elle leur assure une clientèle fidèle.

Longtemps encore, quand même tous les
hommes de génie exposeraient au Champ
de Mars, quand il ne resterait que les médiocres aux Champs-Élysées, par un ata-
visme invincible, semblable à celui qui conduit les Parisiens sur le boulevard, les jours
de carnaval, aux heures où passait autrefois
le bœuf gras, — longtemps encore, on des-
cendra de voiture devant le tourniquet établi
à la porte du Palais de l'Industrie en 1855.

Mais il s'agit là, dira-t-on, d'un public
spécial qui n'a rien de commun avec la
foule des jours suivants. Peut-être le public
payant des matinées et des après-midi ordinaires, n'aura-t-il pas les mêmes raisons
d'envahir la maison, peut-être hésitera-t-il
entre les deux établissements ennemis. C'est

peu probable. Il ira une fois au Champ de
Mars, qui est loin, qui exige une locomotion
bien combinée, où le chemin de fer, l'om-
nibus avec correspondance, le bateau mou-
che ou hirondelle, et le terrible fiacre, jouent
des rôles appréciables. Et puis, pour le public de tous les jours, les Champs-Élysées
et les restaurants constituent aussi des
attractions. On déjeune au buffet, et à la
sortie on s'asseoit sur les chaises de la promenade, on fait le tour du rond-point, on
monte jusqu'à l'Arc de Triomphe. Ce n'est
pas rien.

De plus, un travail consciencieux se révèle chez les visiteurs dès le lendemain
du vernissage. Le tableau à sujet est re-
cherché avec fièvre, avec âpreté. La moindre scène de genre est scrutée comme un
rébus, les effets de drame et de vaudeville
sont subis par les groupes compacts qui
s'amusent réellement comme au théâtre.
Or, le tableau à sujet n'est pas près de
manquer au Palais des Champs-Élysées.
Même, les émigrants du Champ de Mars
feront bien d'en avoir quelques-uns, et de

ne pas trop faire répandre le bruit qu'eux seuls monopolisent l'art pur. Toute l'ingéniosité des organisateurs n'y ferait rien, les salles resteraient désertes.

Pour la critique, elle ne peut pas non plus être hostile à la dislocation de la Société des artistes français. Au fond, pour elle, si vraiment elle cherche les manifestations d'art, les affirmations individuelles, il n'y aura qu'un Salon, elle ne se préoccupera pas de remarquer à quels panneaux seront accrochées les toiles. Pour le reste, discussions entre M. Meissonier et M. Bouguereau, réunions bruyantes, discussions de statuts, réclamations de médaillés et de hors concours, c'est le fait-divers artistique aussitôt oublié que publié. Montrez-nous des œuvres.

§ II. — LA CONVENTION DE LA PEINTURE

Ce qui est tout d'abord indiqué, c'est un jugement sur le changement causé par le départ des émigrants du Champ de Mars.

La vérité, c'est qu'il s'agit surtout d'une
défalcation de quelques œuvres individuelles. Pour l'ensemble, il est à peu
près ce qu'il était l'année dernière, et ce
qu'il était l'année précédente, et ce qu'il a
été pendant une période de dix ans. C'est
un Salon clair et moderniste, pourront dire
encore les critiques qui passent volontiers
sur la faiblesse des œuvres pour louer la
cohésion et le progrès, la tendance à l'observation et la préoccupation du plein air.
Rien n'est plus vrai, et à ce point de vue,
si les personnalités sont négligeables, cet
amas de toiles vaut les amas antérieurs. A
n'y pas regarder de trop près, si l'on se
satisfaisait des courants d'idées et du goût
d'imitation, si l'on estimait l'influence
comme chose importante entre toutes, on
pourrait passer outre au départ de Puvis de
Chavannes, par exemple. Les pastiches de
sa manière foisonnent. Des grandes toiles,
ces pastiches sont descendus aux tableaux
de chevalet. Cazin est également très admis
et beaucoup veulent s'approprier Carrière.
Les reflets de feux et les projections de

lampes de Besnard luisent çà et là dans diverses salles. Pour Manet, il va sans doute se partager entre les Champs-Élysées et le Champ de Mars. C'est lui surtout que l'on fusille, mais dont on fouille les poches, pour citer le mot où Degas a résumé l'histoire du groupe à la fois si raillé et si influent.

J'avoue, pour mon compte, que toutes ces enrégimentations ne me touchent guère et qu'il me suffit qu'il existe un seul Manet et un seul Puvis. D'abord, il ne peut pas en exister deux. Quelque perfection qui soit apportée par le pasticheur, il y aura toujours un endroit au moins de son œuvre par lequel il se trahira pasticheur. S'il a conscience des travaux qu'il exécute d'après les autres, c'est un habile. S'il est inconscient, c'est un sincère élève, un suiveur pénible. Dans les deux cas, il est en sousordre. C'est que l'on confond trop l'éducation des arts du dessin et l'exécution même de l'œuvre d'art. Le courant national, ou le courant d'école, que certains réclament, c'est par l'éducation qu'il peut être créé, c'est en apprenant à voir et à dessiner à l'enfant en même temps qu'on lui apprend à lire. Aujourd'hui, avec la nécessité de science et d'exactitude où nous sommes, il n'y a que cette chance de faire naître un art français de ce temps comme il y a eu, pour d'autres raisons, un art grec, un art du moyen âge, un art du xviii° siècle, un art japonais.

S'il y a impossibilité dans ce sens, ou si l'utilité de tels groupements n'était pas démontrée, restons individuels et hâtons la venue de la complète anarchie artistique.

Les Salons n'auront pas été étrangers à l'établissement de ce terrible régime nouveau d'une liberté sans limite et sans contrôle, qui plaît à l'orgueil de l'homme d'aujourd'hui. Cette liberté, c'est un océan mouvementé et dangereux, où les gros temps sont fréquents, où la vague est traîtresse et assaillante. Il faut qu'un bateau soit bon marcheur et fin voilier pour résister au vent du large et à la mer démontée. Ceux qui survivent s'en vont allègrement dans la lumière, balancés au rythme des flots, avec l'espoir d'aborder un jour dans des hâvres sûrs. Mais combien de carcasses insuffisantes, d'épaves méconnaissables s'en vont joncher les lointains rivages de l'oubli? Le nombre de ces débris est infini, les catalogues annuels semblent des livres où s'inscrivent régulièrement les désastres, où les départs sont toujours marqués et rarement les arrivées.

Le chapitre des imitations, recommencements, plagiats, pastiches, comporte une bifurcation. On s'aperçoit parfois que ceux qui ont commencé par imiter les autres finissent par s'imiter eux-mêmes. Ils ont découvert un filon, ils ont acquis un certain tour de main, le succès, un succès de récompenses de jury et d'attroupement de public, leur est venu pour une trouvaille d'expression, pour la mise en scène d'une anecdote. Et voilà que pendant toute leur vie, tous les ans, ils montrent sans se lasser cet arrangement colorié pour lequel ils ont été brevetés.

C'est la dominante des Salons, c'est ce qui a fini par les rendre insupportables à nombre de gens. Qu'on ne se figure pas, en effet, que tout Paris se rue, comme le Tout-Paris, à la fête du vernissage et continue, pendant deux mois, à fréquenter les galeries et la nef, à pointer les numéros du livret jusqu'à complet épuisement du stock exposé. Il n'en est pas ainsi. De nombreux curieux des choses de l'intelligence fuient ces exhibitions, se refusent à voir une intéressante manifestation d'humanité dans cette monotonie, et, même, en ont conçu quelque aversion pour la peinture. Cette année encore, si quelques exceptions vont contre leur colère ou leur dédain, trop de preuves sont à l'appui de leur opinion tour à tour malveillante et indifférente.

Prenez au hasard parmi les exemples qui abondent. Le premier qui vient sous nos yeux est typique. C'est l'exemple de M. Vibert. M. Vibert est célèbre pour ses cardinaux. Il s'est risqué un jour à dresser l'apothéose de M. Thiers, mais il est vite revenu à ses sujets habituels, aux rouges dignitaires qu'il présente à l'aquarelle ou à l'huile avec des intentions malicieuses. Il les recherche goutteux, gourmands ou égrillards. On peut dire qu'il n'est guère de cadre de lui qui n'en contienne un, quelquefois deux. Or, cette année, M. Vibert a entrepris de souligner de ses ironies coutumières une scène du *Malade imaginaire*. Il n'a pas voulu renoncer pour cela au succès périodique, et il a inventé de vêtir Argan de la robe et de la pourpre cardinalices. Si le peintre avait seulement jeté les yeux sur les indications de costumes des personnages de la comédie de Molière, il aurait lu ceci :

« Argan, malade imaginaire. Il est vêtu en malade. De gros bas, des mules, un haut-de-chausse étroit, une camisole rouge avec quelque galon ou dentelle, un mouchoir de cou à vieux passements, négligemment attaché; un bonnet de nuit avec la coiffe à dentelle. »

Comparez.

Si ce Malade imaginaire de M. Vibert a d'abord été choisi, ce n'est pas pour la valeur de l'œuvre, on s'en doute, mais à cause de cette typique opération de l'esprit du peintre qui est bien visible et bien singulière. Des observations du même genre peuvent être faites à chaque pas.

M. Gérôme a pris l'habitude de durs paysages dans lesquels il fait surgir des personnages ou des animaux plus durs encore. Cette année, ce sont des antilopes poursuivies par un lion empaillé. On cherche, et l'on aperçoit au loin ces antilopes qui courent. Elles peuvent fuir en flânant, revenir sur leurs pas, bondir légèrement sur leurs pattes frêles en jouant et tournant autour du roi des animaux. Le roi des animaux a été la victime du pinceau de M. Gérôme. Il lui a été jeté un sort : il est pétrifié pour toujours.

M. Jean-Paul Laurens a cru représenter les sept Troubadours et la fondation des Jeux floraux. Il a, une fois de plus, costumé des piètres figurants, aptes à jouer des inquisiteurs et des hommes d'armes à Montparnasse ou à faire les flots dans les féeries, au Châtelet. Et M. Jean-Paul Laurens a pourtant dessiné des pages compréhensives parmi ses dessins pour les *Récits des temps merovingiens*, d'Augustin Thierry.

M. Julien le Blant s'attarde parmi les Vendéens, qui font, eux aussi, penser d'une façon invincible à du théâtre de mélodrame. C'est décidément le mélo qui est le grand pervertisseur des peintres d'histoire. Et aussi des peintres de modernité comme M. Pelez. *Pauvre enfant !* c'est le titre de son tableau, qui fait songer aux petits acteurs-prodiges de huit à dix ans.

Des toiles de M. Jules Breton, c'est au contraire une influence de romance qui se dégage. Influence très visible dans la *Lavandière*, que nous vîmes déjà en glaneuse, en moissonneuse, en promeneuse des champs, en rêvasseuse de crépuscule, et dans les *Dernières fleurs*, des chrysanthèmes sous la neige, ce qui était un joli et subtil tableau à faire.

M. Benjamin Constant a fait voisiner chez Eugène Carrière son Beethoven de la *Sonate au clair de lune*. Mais il se retrouve lui-même avec *Victrix :* une femme nue, de physionomie coquette, couchée sur le dos, et qui saisit un sabre. Si c'est pour tuer le papillon qui voltige au-dessus de sa tête, l'effort est peut-être excessif.

De M. Lobrichon, des enfants.

De M. Luminais, des Gaulois.

De M. Schenck, des moutons surpris par la neige.

De M. Desgoffe : Casque circassien, poire à poudre orientale, agates et cristaux. Ici, le travail aux résultats antipathiques a été puéril et attentif. Une patience sans fin se révèle dans ces clous et dans ces ciselures, dans ces pierres précieuses qui toutes étincellent également. L'habitude, après tout, est encore plus grande que la patience. Il y a des années et des années que M. Desgoffe nettoie ainsi les cuivres et les cristaux comme s'il s'agissait de boutons de sonnettes et de boules d'escalier. Il y a des existences qui ont vraiment touché le fond de l'ennui.

M. Vollon, cette fois, n'a pas été très prudent en envoyant ces meules en même temps que cette citrouille et ce chaudron. Il fait apercevoir que le chaudron est mollement peint, il fait naître des doutes sur toute sa batterie de cuisine, car meules et chaudron sont de la même pâte, et les meules, épaisses, sans lumière, sont en crème, en beurre, en moutarde, en tout ce que l'on voudra de gras, avec une fonte et un coulage probables.

Chez M. Bonnat, par contre, aucune mollesse. Plus il va, plus les crins de ses brosses se raidissent, plus les modelés des physionomies qu'il attaque se bossèlent en zinc, plus les vêtements se durcissent en stupéfiantes carapaces. M. le Président de la République et Mme la vicomtesse de C... sont peints avec la même inflexibilité, ils ont les cheveux du même noir, la chair du même métal. Il n'y a de différences que pour les fonds. La vicomtesse a été placée en avant d'une fournaise, et c'est dans un milieu glauque, devant un bureau sérieux, qu'a été installé M. Carnot.

M. Bouguereau... Mais c'est devenu trop une mode que de s'attaquer à M. Bouguereau. M. Meissonier lui-même s'en est mêlé. L'abstention est donc possible.

En batterie, artillerie de la Garde, regiment monté, c'est le tableau de M. Detaille, et c'est un fragment très réussi de panorama. On pourrait continuer le sol sur le plancher de la salle avec de la vraie terre, et semer quelques vraies cartouches.

De M. Worms, un *Recit du torero*.

Et pour finir cette série, une figure de M. Henner qui a été intitulée *Mélancolie*, avec intention, il est permis de l'espérer. Si cette figure familière, aux chairs fondantes, à la chevelure rousse, aux lèvres rouges, est un symbole, si elle est chargée d'exprimer un jugement sur le défilé mystificateur de ces dernières années, si elle constitue une conclusion, enregistrons cette mélancolie compréhensible, mais appréhendons de la voir revenir en Madeleine, en Salomé ou en Hérodiade, l'année prochaine.

Des objections de même ordre, avec des nuances, pourraient être faites à beaucoup d'autres triomphateurs, des anciens et des nouveaux : à M. Chaplin, dont telle figure garde toutefois un charme de jeunesse, — à M. Lucien Doucet, qui a caressé un jour un portrait si alangui et si meurtri de femme au retour du bal et qui paraît s'éprendre maintenant de la peluche et du satin, — à M. Raphaël Collin, qui ne paraît plus donner que des morceaux de ses grandes toiles de verdure pâles et de chairs blondes d'autrefois.

Les paysans, maraîchers, endimanchés, vêtus de drap, tels que les peignent MM. Buland, Brispot, d'autres encore, lourds trompe l'œil, personnages photographiques, s'éloignent de l'art tout autant que les fades figures, et le vrai vulgaire s'en va rejoindre le faux distingué.

§ III. — TOILES GRANDE LARGEUR

Il faut en venir à la grande peinture, aux énormes décorations, aux œuvres qui prétendent à installer du style aux plafonds et sur les hautes murailles. On pourrait s'en tenir aux toiles de M. de Munkacsy et de M. Jules Lefebvre. Du premier, voici le *Plafond pour le musée de l'Histoire de l'art à Vienne ; allegorie de la Renaissance italienne.* Ceux qui avaient conservé des illusions sur l'artiste austro-hongrois après la mise en scène de chez Sedelmeyer, et qui ne les avaient pas encore perdues l'an dernier, à l'Exposition universelle, seront bien forcés de se rendre, cette fois, devant cette composition désordonnée et hésitante, où tout se disloque et où tous les arrangements de convention apparaissent. Le pape, naturellement, regarde un projet, des peintres et des sculpteurs célèbres dressent leurs bustes au-dessus d'une balustrade. Il y a dans l'air des rouleaux de parchemin, des palettes et des trompettes. Des Renommées volent à travers des colonnades. Édifice en papier peint laborieusement élevé. Plafond véritablement tout indiqué pour un Palais du Poncif.

L'autre grande toile est de M. Jules Lefebvre. Il suffira peut-être d'en donner la description telle qu'elle figure au catalogue.

« *Lady Godiva.* C'était la femme de Lœfric, comte de Coventry ; timide comme un agneau, douce comme une colombe. Sa chasteté était sans tache et sa pudeur scrupuleuse. Un jour que les habitants de Coventry suppliaient le comte Lœfric de lever des impôts accablants qui les plongeaient depuis longtemps dans la misère, elle intercéda pour eux. « De par Dieu, s'écria le dur guerrier, je ne remettrai aucun des impôts que vous ne vous alliez promener à cheval, nue comme l'enfant qui vient de naître, d'un bout à l'autre de la ville. » Il pensait ainsi émettre une condition impossible. Lady Godiva l'accepta : « Je ferai ce que vous dites, répliqua-t-elle, s'il le faut pour sauver ces pauvres gens. » Lœfric, très marri de son imprudence, ordonna qu'au jour de l'épreuve on ne mît pas le pied dans la rue, qu'aucun œil ne s'y abaissât, mais que tous restassent dedans, portes closes et fenêtres barrées ; et que quiconque hasarderait sur sa femme un regard indiscret serait puni de mort. »

Pour ne faire qu'une seule objection à M. Jules Lefebvre, comment a-t-il pu concevoir l'idée de donner cette attitude de

coupable tressaillante à la chaste Godiva ?
Par la seule réponse qu'elle fait à son mari,
elle se révèle absolument calme et candide,
et c'est en une attitude de douceur impassible qu'elle aurait dû nous apparaître. Mais
qui ne voit que cela est bien indifférent,
qu'on n'a pas le temps de scruter les légendes, et que M. Jules Lefebvre s'est dévoué
pour exécuter une des attractions du Salon
compromis par quelques défections. De
même que dans le portrait de femme qu'il
expose dans une autre salle, il se montre
couturier expert, de même, ici, il s'affirme
anecdotier susceptible d'attirer la curiosité,
s'il ne peut susciter une émotion. Il a su
être aimable et un peu inconvenant, juste
ce qu'il fallait pour plaire à la fois au public du vendredi et à celui du dimanche.
Il a donné l'idée du déshabillé, mais il est
resté juste dans la mesure, et il sera récom-
pensé de ses efforts par un grand succès de
spectateurs et de reproductions photographiques. Le comte Lœfric a su faire rentrer les habitants de Coventry chez eux,
mais il n'avait pas prévu le peintre de 1890

et les visiteurs du Salon de peinture. Voilà cette lady Godiva, blanche et molle comme un godiveau, bien affichée.

M. Maignan a violé ou cru violer un autre mystère, celui des profondeurs océaniques. Il nous fait assister à la *Naissance de la perle*, avec une profusion de pierres, de poissons, de zoophytes, de crabes, d'algues. C'est un peu gros de peinture, très peu fluide et très peu mystérieux. Si le fond de la mer est maçonné de cette manière, mieux valait nous laisser nos illusions.

La *Fleur du mal*, de M. Henri Martin, est plus délicate et plus étrange. Elle est presque peinte au pointillé, si mes yeux ne m'abusent, dans une gamme de douce grisaille. L'attitude de cette svelte et bizarre fille est osée, et les lignes sont jolies et graciles. Mais elle tient à la main une vulgaire pensée des pelouses de nos jardins : il devient décidément difficile d'inventer une fleur du mal inédite.

M. Cormon n'a pas envoyé de grande toile, mais avec un portrait intelligemment disposé de Mme B,.. il a encadré une esquisse de la *Bataille de Graves*, qui est peut-être bien l'embryon d'une grande toile. Telle qu'elle est, cette bataille de Graves peut passer pour une revanche de la Salamine du même peintre. C'est une mêlée, plus qu'une bataille, une confusion de cris, de horions, bouches qui crient, mains qui frappent.

Et encore, et toujours, de durs portraitistes, des tableaux pour des régiments, des gardes-françaises serrant la main à des officiers de la ligne, et des scènes exotiques en quantité, ressouvenirs évidents de l'Orient de l'Exposition, esplanade des Invalides, Kampong javanais, rue du Caire.

§ IV. — DEUX NOCTURNES DE WHISTLER

A travers les salles qui donnent la sensation d'avoir déjà été traversées, les yeux levés sur des peintures identiques ont la joie de se trouver brusquement en face des deux tableaux de Whistler :

Nocturne en bleu et argent.

Nocturne en noir et or.

Celui-là est toujours lui-même et pourtant ne se répète pas à la façon des autres. Chaque fois, on perçoit une sensation différente, une étude attentive. Les vrais artistes, peintres ou littérateurs, parlent sans cesse le langage qu'ils ont choisi et adopté, mais ils l'emploient à dire des choses diverses, ils sont toujours en éveil et en progrès. Les spectacles enclos en ces deux cadres sont vraiment aussi opposés, aussi antithétiques que les titres qui leur ont été donnés.

Dans le premier, le Nocturne en bleu et argent, une jetée s'avance au-dessus d'une eau d'un bleu pâle. Des personnages vont et viennent, ils sont d'un noir transparent, leurs vêtements plus clairs sont des taches livides. Ils bougent réellement, ils se silhouettent en ombres mouvantes. Sur l'eau, des bateaux se profilent en coques et en mâtures, striés de feux rouges, jaunes, bleus, blancs. Une pluie d'étincelles espacées tombe. Des collines, au fond, montent devant le ciel. La nuit est claire, elle n'est assombrie que par les fantômes de barques et les étranges promeneurs de la jetée, si impalpables et si actifs.

Le Nocturne en noir et or s'élabore au-dessus des pelouses, autour de chevelures d'arbres, au long d'un haut édifice. Des feux courent au ras du gazon, tombent en pluie lumineuse à travers les feuillages, dorent les tours entr'aperçues, trouent l'obscurité. Des voiles de deuil s'entre-croisent, de déchirantes lueurs traversent l'espace, le sol frissonne, devient phosphorescent, d'une lueur verdâtre. C'est infiniment délicat et tendre. Par un prodige de sensitivité et de virtuosité, la nuit reste despotique et mystérieuse tout en étant clarifiée et pénétrée de lumière.

Une de ces délicieuses et profondes visions est bien placée, aussi bien qu'elle peut l'être dans la cohue des toiles. Des œuvres de ce genre veulent être isolées, exigent d'être contemplées à loisir dans des conditions d'entours, d'éclairage, d'atmosphères, très chosies et très particulières. Mais on n'a pas daigné faire au Nocturne en noir et or les honneurs de la cimaise, et il faut s'acharner pour trouver un angle de vision qui permette d'apercevoir ce second chef-d'œuvre.

§ V. — FANTIN-LATOUR. — RENOIR.

En même temps qu'un pastel : *Le Jugement de Paris*, et trois lithographies : *Hélène,* — *L'immortalite,* — *La Gloire,* Fantin-Latour expose deux portraits de femmes, le *Portrait de Mlle S. Y...*, le portrait de Mme *L. G...* La femme est coiffée pour une soirée, vêtue d'une robe décolletée, étoffe solide et somptueuse tramée de colorations sourdes. La brosse du peintre a tissé le costume en souples traînées de vert et de soufre. La poitrine, les bras nus, jaillissent en chairs robustes et reposées. C'est l'apparat moderne, le repos dans le plaisir, la chair tranquille et sereine. La profondeur de sentiment, le jugement sur l'existence sont marqués au visage fier et réfléchi. La jeune fille, en blanc verdâtre, en ornements d'un

rouge doucement rouillé, col montant, chapeau qui ombre le visage, a le charme de la
naïveté intelligente et de l'éveil pensif. La
bouche fermée et le regard direct sont en
délicieux accord. Fantin, une fois de plus,
s'affirme, en son autorité discrète, coloriste
caché, dessinateur d'une force assouplie,
peintre du caractère de la jeune fille et du
caractère de la femme.

Le tableau de Renoir est aussi mal placé
que possible. Il a fallu le découvrir, d'a-
bord dans le dénombrement du livret, puis
au haut de la muraille où il a été accro-
ché. Les jurés qui ont accepté la mission
de recevoir et de classer les envois, n'ont
pas pu se résigner à faire les honneurs
logiques de la cimaise à cette toile lumineuse. Ils ne savaient pas, sans doute, que
l'artiste qui consentait à leur examen est
un des rares et des personnels de ce temps,
un des maîtres d'aujourd'hui et de demain,
et ils l'ont traité en débutant, en postulant
de mention honorable.

Cette réunion de fillettes : *Portraits de*

M^ᵘᵉˢ *M...*, est pourtant parmi les quelques
œuvres exceptionnelles qui sont l'honneur
et le charme de ce Salon presque désert.
L'aînée, assise devant le piano, laisse sa main
errante au clavier, et lève vers le vol d'une
fugitive mélodie un visage de rêverie inquiète. La seconde, les doigts frôlant les
cordes d'un violon, projette en avant son
jeune corps en une marche rythmique. La
plus petite, appuyée des deux mains au
piano, écoute les préludes, promet son attention et son émotion enfantines au con
cert des deux sœurs. Tout le tableau est
en vives lueurs, en subtils reflets. Le meuble, les fleurs rouges et jaunes, le cahier de
musique, les courtes robes blanches, la
longue robe blanche à pois bleus, la chair
des visages, des mains menues, des jambes
nues, les cheveux blonds et légers, les yeux
bleus d'un bleu de violettes, les pieds impa-
tients chaussés de hautes bottines, ou transparents sous le bas de soie dans les souliers
plats découverts, tout est en harmonie de
lignes et de couleurs. C'est un poème intime des mouvements instinctifs de l'enfance

et des commencements de joies intellectuelles.

§ VI. — LE BOTTIN DE LA PEINTURE

Des peintres intimistes, il en est beaucoup
par les étiquettes, il en est quelques-uns en
réalité. Ils ne révèlent pas pour cela la vie
intime dans un absolu de vérité et de beauté,
Celui qui sait exprimer par une toile la liai-
son entre son intellectualité et le monde
extérieur, quand cette intellectualité est
haute et puissante, ou fine et distinguée,
quand le monde extérieur a été vu dans la
grandeur des formes et dans l'harmonie
atmosphérique, celui-là a touché au but
suprême de l'art, il est un maître, et les
maîtres sont rares. Ils ne se rencontrent
pas à chaque instant dans les Salons annuels. Il y en a eu et il y en a pourtant. J'ai
nommé Whistler, Fantin-Latour, Renoir.
C'est ici l'explication d'opinions et de silences qui seront peut-être trouvés sévères
et hors de propos. En vérité, je n'ai aucune

raison d'être dédaigneux, et la sévérité n'est
pas mon fait. Je ne suis qu'un passant, épris
d'art et se promenant dans des galeries ouvertes à tous. Je ne suis guidé dans mes
recherches que par le désir de découvrir
une œuvre individuelle, et malgré moi, en
regardant ce qui est exposé, et en essayant
de me formuler à moi-même une opinion,
une préoccupation parle plus haut que toutes
les autres : celle de savoir laquelle de ces
toiles restera, sera retenue par les vivants
qui viendront après nous, — pourra venir
prendre sa place dans un musée et y vivre
de la douce et rayonnante vie des chefs-
d'œuvre.

Certes, ce sont de mauvaises dispositions
d'esprit pour visiter ces salles remplies au
petit bonheur par le vote de quelques personnes fatiguées du défilé monotone, levant
machinalement leurs cannes et leurs para-
pluies, pensant obstinément aux noms qui
leur ont été recommandés. Mais qu'y faire?
Cette méthode que j'emploie en vaut bien
une autre. Je ne nie pas l'habileté et le
savoir-faire, je constate les pensées à fleur

de tête, l'ingéniosité, le faux esprit qui conçoit un tableau comme un mot de la fin, le mot pour le mot, sans rien dessous, une nouvelle à la main compliquée de calembour. Je vois des imitations, des pistes suivies, je vois beaucoup d'arrangements qui n'ont aucun rapport avec l'art, qui ne comportent ni la science de la vie ni la belle imagination passionnée. Je vois tout cela, et je le dis avec infiniment de réserve. Je ne définis guère les tendances déplaisantes, les instincts antiartistiques, les roublardises sociales, que par les œuvres prétentieuses et nulles de quelques arrivés. Ceux-là sont des membres de l'Institut, des dirigeants d'écoles, chamarrés de décorations, criblés d'ordres étrangers, accablés de commandes, — ce sont des chefs d'usines au fonctionnement régulier, expédiant les produits par ballots, couvrant le monde de leur toile peinte.

Leurs noms prononcés donnent immédiatement à l'esprit les idées de négoces considérables, de commerces prospères, de maisons solidement établies qui font vivre tout un actif personnel.

Certains sont d'opulents boutiquiers tenant les objets de piété, les images mystiques, les Vierges aux yeux baissés, les saints
auréolés, les Pères éternels à barbes blanches, les adorations de mages, les Passions,
les Résurrections. Invinciblement ils font
songer aux devantures du quartier Saint-
Sulpice, où se déroulent les chromolitho-
graphies, où reluisent les ostensoirs.

D'autres sont des fournisseurs de mairies, d'hospices, d'écoles.

D'autres sont des tailleurs, ils coupent à
plein drap, ils chiffonnent l'étoffe, ils la
plient, la cassent, la font miroiter, l'agré-
mentent de dentelles, de passementeries, ils
surgissent autour des personnages de leurs
tableaux, un mètre à la main, un crayon
à l'oreille, prenant des mesures, faisant va-
loir l'elbeuf, le tout laine, le revers de soie,
parlant de la dernière mode, exhibant des
gravures, faisant tourner l'employée-man-
nequin devant la cliente mondaine.

D'autres encore sont des restaurateurs,
et d'autres des épiciers. Ils installent des
tables, mettent des bouteilles de vin dans

des seaux de glace, ordonnent un dessert, biscuits, poires, raisins secs, pruneaux, couvrent le puant camembert d'une cloche.

Et des légions de notables commerçants accourent, réclamant leur place au Bottin de la peinture :

des fournisseurs d'équipements mili-taires,

des menuisiers,

des tapissiers,

des fleuristes,

des surveillants des halles et marchés,

des marchands de chevaux,

des coupeurs de chats,

des bonnes d'enfants.

Quelques-uns de ces grands magasins, de ces vastes entrepôts, de ces entreprises d'exportations, auront été signalés dans ces pages modérées. Il faut bien s'en prendre aux responsables et aux heureux. Pour la cohue qui les suit, il sied de la respecter en bloc, de lui conserver un clair-obscur d'ano-nymat. Sans doute il en est, parmi cette foule, qui n'ont pris la peinture que comme un moyen de parvenir et qui font antichambre, non pour la gloire, mais pour le succès. Mais le nombre est grand aussi de ceux qui croient à leur vocation, et il serait bien inutile, et peut-être bien cruel, de chercher à les désillusionner. Tous peuvent être laissés en repos. La vie est dure à vivre, une tiède aisance est difficile à gagner. Peu nous importe que les paquebots emportent tous ces cadres, que tous les salons bourgeois recueillent ces tableaux à sujets. Il faut reconnaître le droit à l'existence de tout le monde, même des élèves-femmes de chez Julian, qui ont excité tant d'irascibles. Le malheur, c'est que les médiocres empêchent les gens de talent de gagner leur vie et la vie des leurs. Le champ de bataille est obstrué, la lutte devient de plus en plus âpre et confuse. Ceux qui ont quelque chose à dire s'usent dans une opiniâtre production méconnue, ou se perdent dans le rêve. Les autres, ceux qui exécutent mécaniquement, donnent tous leurs efforts au placement de leurs marchandises parées pour le client. C'est la marche du monde.

Mais j'ai parlé de peintres intimistes, il

faut en indiquer quelques-uns. D'abord, pour aller à un nouveau, M. Charles Maurin. Non dans le portrait d'homme qui est durement découpé, sans compensation d'expression. Mais dans le portrait de femme, une femme qui va sortir de chez elle, qui boutonne ses gants, et auprès de laquelle une bonne s'empresse. Aucune dureté, seulement de la précision et de la douceur, un rayonnement de lumière dans les yeux d'un gris vert au regard direct, une tiède délicatesse dans la main gantée et dans la main nue. M. Charles Maurin sait les plans d'un visage, l'habituelle légère moue d'une bouche, le lisse d'une chevelure, le fin réseau de veines des tempes, et il sait envelopper ses silhouettes exactes d'une claire, froide et loyale atmosphère qui rendra reconnaissables ses toiles artistes et véridiques.

Ensuite :

De M. Amand Gautier : *La première leçon*, un groupe sans affectation de pose, sans souci de théâtre, deux femmes bien enfermées chez elles.

De M. Mettling : une *Tête d'homme*, vivante dans la pénombre. Le regret à exprimer, c'est que ce buste ait été costumé en chef de reîtres. Le peintre devait donner l'idée, sans buffle et sans hausse-col de fer-blanc, que ce moderne pouvait avoir une âme de chercheur d'aventures, de guerroyant de hasard, déterminé et grave.

Et ces titres de tableaux pris en notes :

La Lampe, de M. Dillon.

Portrait de Mme A..., de M. E.-R. Ménard.

Portrait de Mme..., de M. Rachou.

Dessert et *Ma pêche*, de M. Fouace, des oranges, des raisins, des prunes, des crevettes, des coquilles de Saint-Jacques, d'un travail qui exprime surtout le gras, le mouillé, le mûri des choses.

L'Absente, de M. Ewen, est fantasmagorique d'une façon puérile. L'ombre de la grand-mère et la chaise jouent un cache-cache pour intriguer et amuser le public. Mais les vivants sont peints avec une parfaite dextérité sentimentale. Cette dextérité est d'ailleurs frappante chez nombre d'étrangers. Ils sont adroits à enfermer une atmosphère brillante dans les chambres closes, ils savent faire reluire le parquet, étinceler la lampe de cuivre, filtrer une lumière couleur d'eau à travers les vitres verdâtres à fonds de bouteilles, égayer un rebord de fenêtre du rouge fleurissement des géraniums. Quelques marques ont été faites sur le livret à ce propos :

Des Baigneurs, de M. Bunny, qui est Australien.

La Soupe, des éreintés de travail qui mangent en affamés dans une chambre aux meubles peints, de M. Wentzel, qui est Norwégien.

La jeune fille aux géraniums, de M. Walter Gay, qui est de Boston.

Le Portrait de Mme F..., du violet, du blond, des ténèbres, de M. Guthrie, qui est d'Écosse.

La Promenade dans le parc et *l'Attente*, une robe noire, une robe blanche, des paysages qui s'évaporent, de M. W. Lee, qui est d'origine anglaise.

La Classe manuelle et *La Partie de*

cartes, de M. Richard Hall, qui est Finlandais.

Un très expressif portrait d'homme, de M. Bendheim, qui est Berlinois.

Le Soir en février, de M. Caullvine, né en Suède.

Rustic Graces, de M. Christie, second Écossais.

Les Sœurs, un tout petit tableau, où deux vieilles chuchotent, de M. Kooreman, né à Leyde.

§ VII. — DEUXIÈME VERNISSAGE

Le décor extérieur de ce deuxième vernissage ne vaut pas, à beaucoup près, l'arrangement de verdures et la douceur de promenade des Champs-Élysées. Les carcasses restées debout de la fête de l'Exposition sont suffisamment mélancoliques. En revanche, l'intérieur est fort bien aménagé, et la lumière est de meilleure qualité qu'au Palais de l'Industrie. Les galeries du restaurant Sapin n'ont pas l'accueil aussi aimable que les jardins fleuris de Ledoyen, mais il est bien probable que la cuisine est la même et que les saumons seront noyés dans une identique sauce verte. Les conditions de succès se contre-balancent donc, et le public parisien, avide de premières représentations, se réjouira des deux vernissages.

Tout de même, deux Salons, cette année, après la peinture et la sculpture internationales de l'année dernière, après les kilomètres de cadres et de socles que la critique a dû mesurer, cuber, inventorier, deux Salons, c'est peut-être beaucoup, et l'on a pu voir errer tous ces jours-ci des journalistes aux visages consternés, on a pu entendre des lamentations d'esthéticiens sur les dents. De janvier à juin, en effet, la peinture ne désarme pas. Partout où il y a une apparence de cimaise, le tableau, le pastel et l'aquarelle s'installent. Partout où il y a un couloir qui peut jouer la galerie, un tourniquet fonctionne, un catalogue se débite, des dames s'asseoient en rond, des messieurs prennent des notes. Il paraît que cette prise de possession de la ville par l'armée des peintres n'était pas encore assez complète. Les gros bataillons qui campaient aux Champs-Élysées se trouvaient à l'étroit dans les chambrées du Palais de l'Industrie. Serrer les rangs devenait difficile, le coude-à-coude était irritant. Les locaux du Champ-de-Mars, vides depuis le mois de novembre, pouvaient être emportés par une expédition hardie sur la rive gauche. Quelques-uns se sont décidés à tenter l'aventure.

Il y a eu de fortes discussions à ce propos. Pendant quelques semaines, le monde artiste a tenu des réunions, prononcé des discours, polémiqué, élaboré des règlements. Le prétexte avait été la ratification des récompenses jetées comme des dragées de baptême aux exposants de la fête du Centenaire de 89. Décidément, les hors-concours devenaient une pullulation irréfrénable, le flot de l'huile montait comme une marée d'équinoxe.

C'est alors que les graves déclarations patriotiques furent émises, que l'action civilisatrice et le renom de politesse de la

France furent invoqués en phrases émues et solennelles. Les prétentions et les intérêts se mirent à l'abri derrière l'agaçant chauvinisme, plus hors de propos que jamais. La transaction se fit de plus en plus difficile. Des paroles aigres, prononcées de part et d'autre, révélèrent de puérils dessous d'élections, des fonctionnements de jurys favorisant indistinctement les maîtres et les élèves, les artistes et les amateurs. La réception en masse de tout le personnel féminin des ateliers établis çà et là en succursales de l'Institut et en arrière-boutiques du Salon avait surtout le privilège d'exciter l'irascibilité des dissidents. Ce travail d'ouvroirs leur était antipathique, ils se refusaient, pour leur compte, à favoriser l'extinction du paupérisme féminin, ils renvoyaient tout ce personnel en perpétuelle augmentation aux ateliers de modes et de couture, aux imprimeries, chez les fleuristes, partout où les petites mains sont demandées, et où les fillettes de Paris travaillent en grands tabliers et se nourrissent de déjeuners de crudités et de vinaigre.

Que les séparatistes aient eu raison ou non, que les querelles latentes aient été poussées jusqu'à l'exaspération par les conflits des personnalités de MM. Bouguereau et Meissonier, l'un représentant la Religion et l'autre la Grande Armée, ce n'est pas, après tout, une de ces questions qui doivent troubler un peuple et alarmer les consciences.

Il n'est pas nécessaire de prendre parti dans cette bataille, de se faire le champion d'un camp, il y aurait injustice à proclamer excellent ou détestable ce qui est ici ou ce qui est là, à affirmer au public que la meilleure peinture reluit aux Champs-Élysées ou au pied de la tour Eiffel. Il n'y a qu'à entrer dans les magasins concurrents, qu'à examiner les produits mis en montre, qu'à constater le chef-d'œuvre, s'il se présente.

Aux Champs-Élysées, il y a Whistler, Renoir, Fantin-Latour.

Ici, au Champ-de-Mars, l'œuvre de Puvis de Chavannes, toute de sérénité et de lumière, conquiert l'admiration et donne l'idée de la survie. *Inter Artes et Naturam*, c'est le titre de ce panneau destiné à l'escalier du musée de Rouen.

Et aussi, Eugène Carrière, en six toiles qui sont des visions de réalité émouvante et d'intelligence supérieure, exprime ses sensations d'existence et ses vouloirs d'artiste. Le *Sommeil*, surtout, restera comme une des plus belles conceptions et des plus magnifiques réalisations de l'artiste.

De telles pages sont forcément isolées dans une exposition de ce genre qui est toujours un carrefour d'art. Il reste, après les avoir vues et revues, à faire des constatations de talent, d'habileté, à reconnaître des bons vouloirs et des scrupules dans des portraits et dans des paysages.

L'imitation, d'ailleurs, règne ici comme aux Champs-Élysées. Le même panneau, où sont espacées quatre ou cinq toiles du même peintre, montre les spécimens les plus divers, les preuves les plus concluantes de la faculté d'assimilation. Dans un côte-à-côte fraternel, c'est le paysage à la Cazin, un effet de Besnard, un portrait genre Bonnat ou Carolus Duran, une réduction de Puvis de Chavannes, une scène inspirée par les peintres des pays du Nord. Cette fabrication est véritablement stupéfiante. La fausse mondanité continue aussi à envahir les cervelles. Les envois de MM. Duez, Béraud, et de tant d'autres, parmi lesquels M. Sargent surtout s'affiche, sont fort renseignants à ce sujet. L'art se retrouve dans les envois nombreux de Ribot, dans deux toiles d'Israëls et de Liebermann, dans les portraits de femmes au pastel de Louis Anquetin, dans la série des dessins d'observation et de philosophie exposés par Forain.

La sculpture, qui vaut un chapitre étendu et qui l'aura, est représentée par des œuvres de Constantin Meunier, Dalou, Desbois, Michel-Malherbe, Lenoir, Devillez, Ringel, Mme Besnard, Mme Cazin, Baffier. — Rodin a envoyé une statue de vieille femme, un bronze stupéfiant de vérité et d'audace, d'une expression incomparable et où le grand artiste a exprimé

sur la vie le jugement le plus hautain et le
plus douloureux.

§ VIII. — LES PAYSAGISTES

Tout à l'heure, énumérant les genres de
peinture qui peuvent donner le change et
faire croire à de commerciaux établissements, à des emmagasinements de denrées
journellement achetées et revendues, avec
bénéfices, les paysagistes ont été omis. Ils
occupent néanmoins une place énorme dans
le dénombrement.

Eux, ce sont les rustiques travailleurs,
les hommes des champs. Ils se subdivisent
en journaliers, en fermiers, en grands propriétaires terriens. — Les commençants,
ceux qui s'en vont avec leur déjeuner dans
un bissac et un outil à la ceinture, se contentent de pousser une charrue, de creu-
ser des sillons, d'ensemencer un champ,
de le sarcler, de récolter des légumes, de
couper le blé, de vendanger, de ranger
les fruits dans des paniers. — Les fer-

miers exploitent de vastes domaines, ils s'entendent à diriger des attelages, à engranger le blé, à rentrer le foin, à engraisser les bêtes aux gras pâturages, à traire les vaches. Ils possèdent les guérets jusqu'à l'horizon, des vergers blancs et roses de fleurs, chargés de fruits. Les espaliers plient sous les abricots et les pêches. Ils combattent opiniâtrement le phylloxera dans leurs vignes agrippées aux coteaux pierreux. Ils gaulent les noyers, ramassent les châtaignes, recueillent le bois mort. La terre est pour eux d'un bon rapport, ils l'exploitent sans cesse, ils y viennent, y retournent après avoir vendu leurs produits à la ville. Ils peuvent devenir un jour de grands propriétaires, on leur concédera les immenses étendues, des morceaux de département. — Les champs seront à eux, et avec les champs, la forêt, la montagne, la rivière, le fleuve, l'étang, le lac, le lai de mer, la mer elle-même, et le vent qui passe, et l'espace qui se clôt dans la brume et s'agrandit dans la lumière, et tout ce qui pousse, toutes les plantes, tous les arbris-

seaux, tous les arbres, et tout ce qui marche, rampe, vole, nage, les quadrupèdes,
les reptiles, les insectes, les oiseaux, les
poissons.

Toutes comparaisons terminées, le peintre paysagiste apparaîtra à de nombreux
hommes des villes comme l'être le plus
heureux de la civilisation actuelle. On peut
avoir d'autres goûts que le goût de la campagne, mais on reconnaîtra que s'il y a des
citoyens libres, affranchis autant que possible de toute charge sociale, ce sont les
paysagistes. Ils sont inscrits au rôle des
contributions, s'ils ont un logement et un
atelier, mais rien ne les empêche de vivre
perpétuellement à l'auberge, en campements rapides si le pays ne leur plaît pas, ou
en campements sédentaires, s'ils trouvent
la contrée accueillante. Ils ne sont astreints
à aucun des travaux de ceux qui ont dans
les villes des emplois et des relations. Leur
fonction ne les oblige pas à se raser le menton tous les jours, à porter des chemises
empesées, des cols raides, des bottines poin-

tues, des chapeaux haut-de-forme. Ils ne lisent pas de journaux, ils n'ont personne qui les force à aller au théâtre, ils ne songent pas, à six heures, quand tombe le délicieux crépuscule, qu'il faut mettre un habit pour aller dîner en ville, il ne sont pas obligés de séjourner sur le Boulevard.

Non, ils sont libres de leurs heures, de leurs allures, de leurs vêtements. Ils s'en vont au matin inspecter le temps, juger de l'effet. Ils sont vêtus de toile en été, de gros velours en hiver, ils coiffent un béret, chaussent des sabots ou des bottes. L'automne leur est hostile, et il leur arrive de recevoir un soir le coup de lancette du rhumatisme. Mais il y a des rhumatismes aussi dans les villes, et eux, ils peuvent se défendre à l'aide de bas de laine, de passe-montagnes, de doubles et triples tricots. Avec quelques précautions, ils ont le droit de vivre dans le plein air, de respirer sous les arbres verts des bois, de baigner leur individu dans le sel marin. Ils s'installent dans des jardins fleuris, ils longent les champs de blé, ils s'étendent aux lisières des forêts, ils suivent

les bords herbus des rivières, ils arpentent
les grèves. Tout ce qui est parfum, chant
et couleur, leur appartient. Ils respirent,
ils écoutent, ils regardent. Ils peuvent parler tout haut, gesticuler, chanter, dans une
ivresse de nature. Ils ont le droit de fumer, de dormir, de lire un livre, ils ne sont
pas forcés à des conversations. Même avec
quelqu'un à côté d'eux, il leur est permis
de se réfugier dans le silence, sous le prétexte de la poursuite obstinée d'une nuance
qui ne va pas durer dans le ciel.

Si le temps change, ils ne font rien. S'il
pleut, ils regardent et ils écoutent la pluie,
ce qui est bien une des plus charmantes occupations de ce monde quand les feuilles se
froissent et exhalent leur odeur, quand la
terre fume comme une cassolette sous la
tiédeur de l'averse. Ils peuvent peindre aussi
de leur fenêtre, ou s'installer sous un para-
pluie. S'ils sont gourmands, ils savent faire
mijoter pour eux des plats graissés du meilleur beurre de l'étable. S'ils sont observateurs, ils peuvent se récréer aux veillées,
quand on apporte la lampe ou qu'on allume

la chandelle dans l'humble logis de campagne où ils ont exilé leurs ennuis et dissi-
mulé leur bonheur.

Aussi, regardez-les, les vrais, même ceux
qui ne font pas de la peinture géniale, mais
qui aiment la campagne comme une maîtresse chuchoteuse et confidente. Ils sont
habituellement charpentés solidement, ils
marchent d'aplomb, ils ont le bon coffre,
mais leur figure est fine, et leur œil est délicat. Certains mêmes vont plus loin, leur
physionomie les révèle rusés et pleins d'as-
tuce, ils font songer à d'avisés renards
prompts à regagner leurs terriers. Ce sont,
vraiment oui, des habiles qui ont choisi
leurs occupations, qui ont imposé leur volonté à leur temps, ce qui est rare.

Ceux qui n'accomplissent pas conscien-
cieusement les rites du métier sont, par
contre, bien coupables. Le rustique devrait
sans cesse travailler d'après nature, juxta-
poser sa rêverie à tous les fugitifs frissons
qui passent sur l'eau, sur la terre, sur les
feuillages et dans l'air. Il est invraisem-

blable, pour être plus vrai, qu'on soit forcé
d'amonceler les études, de les fondre en
un tableau, qui n'a plus la fleur et la fraîcheur de cet air de la campagne, dont les
Goncourt ont si joliment dit, dans les *Idées
et Sensations :* « Il semble que le matin à la
campagne il y ait de l'air neuf. » Il est in-
vraisemblable que la vision ait besoin de
s'aider de photographies, et que les paysages
puissent se confectionner dans les ateliers
des villes. Il en est ainsi, pourtant. Le goût
de nature s'est, lui aussi, compliqué de parisianisme, de désirs de succès, d'ambitions
de médailles.

Une des preuves morales de cette indifférence naturiste, c'est la recherche indifférente du pittoresque, c'est la trouvaille
hâtive qui fait au peintre s'asseoir sur son
pliant, ouvrir son parasol et peindre sans
connaître seulement le pays dans lequel il
vient de débarquer, où il était un étranger,
il y a une heure, où il est encore un étranger maintenant, où il sera longtemps l'in-
trus et l'incompréhensif. Un artiste extraordinaire comme Claude Monet, universel

paysagiste, constructeur de morceaux de planètes, sensitif peintre de météores, peut aller çà et là, courir ébloui à travers cet univers qu'il voudrait exprimer tout entier. Il ne veut pas représenter la réalité des choses, il veut fixer la lumière qui est entre lui et les objets, tout ce qui s'allume et tout ce qui s'assombrit entre ses yeux et le décor du paysage. Il pourrait peindre toute sa vie d'après les mêmes objets, qu'il ferait sans cesse des tableaux différents. Quelle variété de lignes, de formes, de couleur, d'aspects, obtiendra-t-il donc, en se hâtant du nord au sud, de l'ouest au centre, de la lumineuse Hollande au chaleureux Midi, des roches de Belle-Isle aux ravins de la Creuse. Celui-là, il faut le laisser faire son œuvre suivant la secrète logique qui est l'âme inflexible de son apparente fantaisie, de son ivresse de tout voir.

Mais d'autres se fixent dans une région, tel Corot se réjouissant de la succession des minutes changeantes de l'heure, — tel Pissarro, cherchant toujours plus de lumière autour de sa demeure. Ceux-là aussi sont

de grands artistes, et c'est de leur exemple
que doit sortir ce conseil :

L'artiste doit être d'un pays.

Du pays où il est né, où il a été élevé, si
c'est possible. S'il l'a quitté, qu'il y retourne, qu'il aille y rechercher ses souvenirs, qu'il les évoque doucement, qu'il les
fasse se lever des chemins, des angles de
ruelles, qu'il les fasse sortir des clartés matinales, des soirs qui se vaporisent en pou-
droiement d'or, en buée de sang, en mous-
selines grises, — qu'il les appelle, qu'il les
assemble autour de lui, qu'il les force à
parler dans son œuvre.

Après la promenade au Salon, et à l'aide
du livret, j'aurais voulu faire pour chaque
région un résumé des forces superficielles
adaptées tant bien que mal à des contrées
inconnues, un total des curiosités venues en
chemins de fer, — pourquoi ici plutôt que
là? C'était une besogne trop considérable.
Mais voici un commencement de cet état
irrécusable, quelques pages du livret seule-

ment où ont été recuellies les indications sur la Bretagne :

La fontaine de Saint-Pierre-le-Pauvre, baie de Douarnenez (Finistère), par M. Paul Abram, qui est de Vesoul.

L'anse de Dinard, par M. Adelsward, qui est de Lyon.

La ferme de Lesdomini (Finistère), par M. Atkinson, du Canada.

Dans les îles du Morbihan, par M. Barck, Suédois.

Un interieur à Piriac (Loire-Inférieure), par M. A. Bellanger, né en Seine-et-Oise.

La pointe de Testrignel (Côtes-du-Nord), par M. Eug. Bergeron, de Paris.

Le vieux chemin du Loc'h à Fouesnant (Finistère), par M. Henri Bergeron, de Paris.

La chapelle Saint-Léonard, environs de Guingamp, par M. Bouillé, de l'Yonne.

La clarté ; Ploumanac'h (Côtes-du-Nord), par M. Eug. Bourgeois, de Paris.

La tour de Bridebec, par M. Cabuzet, de Meaux.

Fileuse bretonne, par Mlle Callac, de Nevers.

Les bords de l'Esole, à Quimperlé, par M. Chaudey, de Paris.

Le cloître de Sainte-Anne-d'Auray, par M. Choisnard, de Valence.

Chemin couvert à Pont-Aven, par M. Choquet, de Paris.

Vallon en Bretagne, par M. Clavel, de Paris.

Etc., etc., etc.

Nous ne sommes qu'à la lettre C, aux toutes premières pages du catalogue, et pas un de ceux dont le nom vient d'être recueilli n'est de ce pays si avidement transcrit. Que les artistes ne se donnent pas, d'ailleurs, la peine de rectifier leur état civil. Il peut y avoir un tiers d'entre eux, admettons-le, ayant des origines et des habitudes bretonnes, non seulement parmi ceux de Paris, mais même parmi ceux du Canada et de la Suède, et des États-Unis, dont la colonie conquérante n'a pas été abordée. Soit. Et les deux autres tiers. Sûrement, ceux-là feront une peinture quelconque, ethnographique si l'on veut, renseignante si l'on y met de la bonne volonté. Mais la mémoire émue, la connaissance intime, la douceur des évocations, la rêverie réfléchie, manqueront à ces procès-verbaux.

Pour chaque province, ce relevé sommaire donnerait les mêmes résultats.

Quelques notes pour finir :

A travers le *Crepuscule, souvenirs de l'Allier*, de M. Harpignies. Une lumière mourante erre au creux des vallées, à la surface des eaux, aux cimes des feuillages.

M. Jan Monchablon se montre préoccupé des effets de fines brumes bleues et de dorures de soleil qui intéressaient Chintreuil. Dans les *Vernes*, dans la *Petite rivière*, il déploie les ciels, il délimite délicatement les champs.

M. Albert Gosselin produit une sensation de matin et de solitude dans ce paysage de septembre, trois arbres haut poussés, et sur le sol une buse qui saisit quelque bête, rat ou mulot.

M. Gabriel a transcrit la poésie d'un paysage de Hollande, verdures pâles, canal froid, sol mouillé, une locomotive qui glisse sa course à un tournant de rails.

M. Pointelin connaît les effacements et les fumées du soir, mais il lui arrive de planter des arbres trop réels en dehors de ces paysages qui s'évanouissent.

De M. Edmond Yon, la Loire, l'étang de Cernay, des herbes couchées au bord des eaux. De M. Paul Saïn, des monticules pierreux, de blancs oliviers aux environs d'Avignon. De M. Petitjean, un gris village de Lorraine. Enfin, de M. Quost, qui est un consciencieux jardinier, des fleurs en pleine terre, des clochettes, des corolles roses, jaunes, bleues, joyeuses dans la verdure des herbes légères.

§ IX. — MONDANITÉS

Quoiqu'il n'y ait pas lieu de formuler une philosophie nouvelle pour parler de l'art de la rive gauche, une tendance particulière peut être signalée chez les artistes campés dans les ruines de l'Exposition. Là-bas, au Palais de l'Industrie, le tableau à explications historiques, la mise en scène d'anecdotes, dominent. Ici, au Palais des Beaux-Arts, la préoccupation de la mondanité est surtout évidente. Le Salon du Premier-Mai est davantage pour le public du dimanche. Le Salon du Quinze-Mai s'offre avec un empressement marqué au public du vendredi. Esthétiquement parlant, il ne s'ensuit pas, chez les uns ou chez les autres, une supériorité. Les cohues du dimanche qui viennent chercher un amusement au long des cimaises, les visiteurs et les visiteuses du vendredi qui se rencontrent et causent devant les toiles comme autour de la théière de cinq heures, ont, au fond, en regardant de la peinture, la même préoccupation du sujet. Il y a peu de regards pour le surgissement de lignes du dessin, l'harmonie de la couleur, l'enveloppement de l'atmosphère. Peu de cervelles s'inquiètent, devant une œuvre d'art, de l'esprit de précision, de rêve, d'ironie, qui l'a inspirée, de l'enivrement de nature, de la poésie de la vie, de l'âme individuelle qu'elle exprime.

Cette distraction à côté, désirée par la majorité des promeneurs d'expositions, sera donc trouvée chez les dissidents comme à la maison-mère. Presque toutes les toiles affichent le désir de plaire, par leur soumission à la mode, leur apparence d'ameublement riche, leur fard luxueux. On a la sensation que le grand nombre de ces exposants s'est appliqué à vouloir produire l'illusion de tous les décors de civilisation qui sont admis comme élégants et distingués.

Il est impossible de ne pas songer, en face de cette peinture prétendue raffinée, aux gens du boulevard et des théâtres, des courses et de la Bourse, des cercles et des villes d'eaux. Restaurants aux prix forts, cabinets particuliers, salles de premières représentations, enceintes du pesage, retours du Bois, hall de maison de banque, salons de jeu, buffets où l'on soupe debout, promenades sur des planches au bord de la mer, casinos, fumoirs, boudoirs, loges d'actrices, divans, sleeping-cars, old england, ateliers pelucheux de peintres, paletots mastic, lorgnettes en bandoulière, habits rouges, que sais-je! Consultez le code de la mondanité, lisez les journaux qui racontent les bals et soirées, les fêtes des clubs, les petites noces chez les horizontales, dégrafées, etc., les parties de chasse avec honneurs du pied, évoquez la gomme et le sport, faites-vous l'idée d'une peinture qui soit le résultat de la vision superficielle de tout cela, et ce sera assez exactement l'art actuel. On a une hâte et une inquiétude, on songe à des hôtels prétentieux où l'on peut échouer en voyage, à des soirées encombrées où l'on ne connaît personne. Les fauteuils, l'argenterie, les fleurs, semblent pris en location pour la circonstance. Le même entrepreneur a tout fourni, mais il n'a pu fournir l'impression du définitif.

Une telle peinture, qui n'a pas été vécue, est sans dessous et sans profondeur, alors qu'elle pourrait être si charmante et expressive. Qu'on ne croie pas, en effet, qu'il se cache des revendications démocratiques sous cette critique d'art, et que l'occasion ait été choisie de réclamer un nivellement social à propos du second Salon. C'est sim-

plement un refus de se laisser éblouir par
un tel étalage d'étoffes et une telle vantar-
dise de relations. La représentation de la
vie mondaine, dans ce qu'elle peut avoir
de grâce séduisante, devrait, pour se faire
agréer, indiquer une nerveuse sensibilité,
et quant aux trompe-l'œil et aux défilés
factices de la haute vie, ils ne sont pas
acceptables, s'ils ne sont pas plus ou moins
soulignés d'ironie. Le snobisme de vision
et de procédés aura quelque peine à cons-
tituer un art.

Ces réflexions, quoique très précises et
très appuyées de renseignements, sont
d'une signification toute générale, et il est
presque inutile de les étayer par des noms
et des œuvres. Il est vraiment des entreprises picturales, très achalandées, que l'on
ne peut désigner sans avoir l'air de recom-
mander des boutiques de fleuristes ou des
magasins de tapissiers. Pourquoi décrire le
portrait de celui-ci ou le tableau de genre
de celui-là avec plus de soin qu'il n'en a été
employé à les peindre? Pourquoi s'attarder
dans ces Monte-Carlo et dans ces Trou-

ville où ia peinture suit les villégiatures à
la mode? S'il faut absolument en arriver
à quelques faits-divers artistiques, lequel
choisir pour une démonstration, de M. Aublet, avec ses baigneuses au bain photographique, ou de M. Béraud qui a trouvé pour
un tableau ce titre de fatalité : *Rien ne va
plus!* Est-il nécessaire de rédiger encore
un bulletin de déroute devant les toiles de
M. Gervex ou celles de M. Duez, — devant
cette rédaction de la *République française*
qui réédite les attitudes de l'éternelle leçon
de clinique, où MM. Reinach, Spuller,
Challemel-Lacour, etc., paraissent occupés à disséquer un premier Paris, —
ou devant le *Portrait de Georges Hugo*,
sans ressemblance et sans intuition, et qui
n'est, en son costume de soirée, qu'un
piètre découpage de tailleur. Une page de la
Manette Salomon des Goncourt revient en
mémoire, une tirade de Chassagnol sur le
vêtement moderne : « Et il n'y aurait plus
rien pour l'artiste dans l'ordre des choses
plastiques, plus d'inspiration d'art dans le
contemporain!... Je sais bien, le costume,

l'habit noir... On vous jette toujours ça au nez, l'habit noir! Mais s'il y avait un Bronzino dans notre école, je réponds qu'il trouverait un fier style dans un Elbeuf. Et si Rembrandt revenait... crois-tu qu'un habit noir peint par lui ne serait pas une belle chose?... Il y a eu des peintres de brocart, de soie, de velours, d'étoffes de luxe, d'habits de nuage... Eh bien! il faut maintenant un peintre du drap : il viendra... et il fera des choses superbes, toutes neuves, tu verras, avec ce noir d'affaires de notre vie sociale... » Rembrandt et Bronzino, et même Bronzinetto, sont ici absents, mais la surprise n'est pas énorme.

L'étonnement est plus grand avec M. John Sargent, qui a vraiment signé les toiles les plus extraordinaires de la série, un portrait de femme en toilette de soirée et un portrait d'actrice dans le rôle de lady Macbeth. Nous sommes loin, avec ces oripeaux inouïs, ces effigies désordonnées et barbares, du portrait de Mme Gautereau de 1884! Les toiles de M. Carolus Duran se trouvent gagner à ces manifestations excessives, la combinaison connue des gris et des roses de son portrait de jeune fille en deviendrait reposante pour les yeux irrités de ces mélanges inharmoniques. Après, il y a encore les modes anglaises de M. Jacques Blanche, et, au milieu de ces cruelles énigmes, le Dr Blanche, assis un peu comme le Bertin, de Ingres, et lisant, d'ailleurs, les *Débats*. Et encore, le panneau où les figures de M. Boldini rient, grimacent, perdent l'équilibre, tombent les unes sur les autres, prennent par leurs contorsions une attention qui s'enfuit vite.

La nature d'observateur de M. Roll est très différente de la nature boulevardière des peintres de mondanité. Il y a en lui une émotion loyale, un goût des rudesses natives, qui se sont manifestés dans des études et des compositions présentes à la mémoire. La rue et l'atelier, la campagne et la ferme l'ont intéressé, et il s'est souvent trouvé en correspondance avec l'existence populaire et villageoise. Pourquoi faut-il qu'il paraisse gagné depuis quelque temps, aux Pastellistes, il y a deux mois, et à ce Salon, aujourd'hui, par les fallacieuses invites d'un art de mièvrerie auquel son individu aurait dû être réfractaire. Les dernières études de nus ne semblaient plus de la brosse qui avait fait tourner les nymphes autour du Silène et qui avait glacé de lumière et rosé de sang le corps de la Femme au taureau. Le portrait de M. Antonin Proust fut surprenant aussi, comme le sont maintenant les portraits de Coquelin cadet et de Mme Jeanne Hading. Çà et là, la franchise d'art veut réapparaître, mais elle ne conquiert pas l'ensemble, elle s'atténue maladroitement, elle est en déperdition. Tous ne savent donc pas résister aux courants de convention, aux coudoiements, puisque ceux qui paraissaient devoir garder intacte leur personnalité se laissent aller aux faciles consentements. Les artistes d'aujourd'hui, littérateurs et peintres, n'ont pas grand'-chose à gagner à une préoccupation exclusive de Paris, et je leur voudrais de plus longs intervalles de vie isolante et d'examen de leur conscience artistique.

Ceci, pour répéter à propos d'un cas individuel une réflexion d'ordre général, n'est pas un rigide arrêt contre des curiosités très légitimes. Le peintre de la *Grève des mineurs* a certes le droit de changer ses milieux d'expériences, mais il faut lui demander d'y rester lui-même, et cette appréciation sincère du peintre, où il y a de ma sympathie pour l'homme, n'a pas d'autre but. C'est avec la même préoccupation que je regarde les envois de M. Besnard après les toiles de M. Roll. Le goût particulier, ici, est très différent. L'éducation est classique, et le désir d'affranchissement est très visible, au point que la fantaisie s'exaspère comme dans le plafond destiné au Salon des sciences à l'Hôtel de Ville, qui est d'ailleurs une esquisse à laquelle il ne faut pas imposer un injuste classement définitif. De même, dans la *Vision de femme* s'aperçoit une volonté d'étonner, une tendance à s'en aller vers l'excentricité, à ne pas expliquer l'arrangement et la construction. Mais M. Besnard a fait s'épanouir ici les fleurs amoncelées, mais il a le sens des éclairages de lustres et de bougies des fêtes, des lueurs douces des lampes, des lumières contrariées par de subites ouvertures sur des nuits claires. Il peut trouver du rêve et de la grâce dans le réel, je n'en veux pour preuve que ce *Sommeil* lumineux, et cette *Insomnie* où la lueur de la veilleuse épandue dans la pièce, sur le lit, enveloppant la femme dressée, les yeux grands ouverts, le geste halluciné, colore tout d'un bleu fin et léger de bleuet et de véronique, un bleu tout en clartés et en ombres légères, comme des émanations et des souffles.

L'ironie, par trop absente de cette exposition, on la trouvera chez Jean-Louis Forain, dessinateur du *Fifre* et du *Courrier Français*, qui expose vingt-trois dessins originaux d'un faire délicieux et d'une nouveauté de légendes qui démontre l'accord entre la vision et la cérébralité. Le dessin de ces précieuses images de la vie parisienne, c'est la concision et la justesse mêmes. Rien de trop et rien ne manquant. Des fines anatomies de femmes anémiques, de danseuses à pattes de sauterelles, de pauvres mal nourries, — d'épaisses corpulences de jouisseurs congestionnés, — de l'esprit dans la ligne d'un habit, d'une pelisse, dans une jupe de tulle, dans une robe d'indienne, dans l'ameublement d'une pièce, — une forme rapide où il y a de la légèreté de la note et du style définitif, où tout semble se passer en demi-mots et en clins d'yeux. Dans la blague des légendes, dans les sténographies de phrases, un esprit agile court et tout à coup s'arrête sur un mot qui fait surgir de la profonde canaillerie et de l'affreuse détresse humaines. La blague souvent s'évapore, et il en reste on ne sait quelle songerie gouailleuse et quelle gravité stupéfiante.

L'homme affalé sur un divan, ayant la femme, à genoux, près de lui, trouve ce remerciement bégayant :

« *Jamais, jamais, ma chérie, je n'oublierai ce que tu viens de faire pour moi.* »

Un voyou étonnant, une femme rigolarde au bras, constate avec une fumisterie et un mépris de bonne humeur que sa table est prise au Café Anglais, et il donne le sentiment immédiat et irréfutable d'un scepticisme d'en bas et d'une inapaisable bataille de classes.

La danseuse s'adresse au monsieur.

« *C'est à prendre ou à laisser ; — j'veux qu'tu mènes ma mère au Bois.* »

Le mari à la femme, sur un ton changeant :

« *Tu as un amant, je le sais — et vous me laissez afficher au club !* »

Et ces trois autres pages :

A l'hôpital, auprès d'un lit, deux chirurgiens, à tabliers blancs, à lunettes, se chargent de faire tenir en une phrase l'inhumanité possible de la science :

« *Morte ! ça ne fait rien, continuons tout de même l'opération — pour la famille.* »

Dans un coin de salle de jeu, un homme affaissé, l'œil fixe, les muscles du visage défaits. C'est l'*Affichage au club.*

Sur un sombre palier, une femme, un bougeoir à la main, tourne une clef dans une serrure. Derrière elle, un homme, col relevé, chapeau enfoncé sur les yeux, les mains dans les poches, la canne tenue comme un sabre, une bouche brutale de carnassier, le Pranzini et le Prado probable. Titre : *L'Inconnu.*

Dans cette silhouette, comme dans les deux scènes précédentes, Forain est allé jusqu'au tragique. C'est sa gaieté qui devient sérieuse et c'est le sérieux d'une foule d'autres qui devient comique et cocasse.

Il devient difficile de revenir aux habituels peintres de la vie parisienne après ces plaisanteries de supérieur pince-sans-rire et ces remarques aiguës. Ici, dans les salles de dessins, gravures, faïences, je note encore le panneau de faïence de M. Ernest Carrière, *Faisan doré et Roses trémières,* — les belles gravures de Desboutin, d'après Fragonard, — les dessins de Constantin Meunier : *Mineurs remontant au jour* et *l'Accrochage,* — et les deux pastels de M. Louis Anquetin, deux portraits de femmes vêtues de rouge où les attitudes, les traits des physionomies énigmatiques, sont exprimés en lignes simples, à la manière japonaise, mais avec une expression individuelle. Seul, le dessin des mains grimace un peu. Le visage de rêverie sur lequel s'étend l'ombre, cet autre visage au regard direct, ces chevelures aux souples bandeaux et aux lourdes floches témoignent qu'un artiste est présent, et continuent ces recherches de dessin que l'on a eu déjà occasion de constater aux expositions faites par M. Anquetin dans les salles des Indépendants.

§ X. — EUGÈNE CARRIÈRE

Voici, avec les six tableaux d'Eugène Carrière, une manifestation d'art pure des alliages et des influences de la mode.

Le *Sommeil :* une grandiose et allongée figure de femme qui pourrait tout aussi bien s'appeler la Nuit, une sorte de mère géante couchée dans un accablement de fatigue, et gardant jusque dans l'abandon de ses membres une tendresse inquiète qui ne fait que sommeiller, elle aussi, et qui va se ranimer et recommencer sa garde et ses soins. L'enfant dort à l'abri de ses seins, de son visage, de ses mains inquiètes. Sa tête aux yeux fermés, aux traits gonflés, s'appesantit sur son bras relevé. Ses membres souples, son torse où le clair-obscur donne l'illusion de la respiration régulière et profonde, son visage d'énergie coiffé d'une sombre crinière, sortent de l'ombre et présentent aux yeux admiratifs la douceur de la chair et un impeccable modelé de sculpture. En cette évocation, la femme endormie apparaît avec les chairs tièdes d'une vivante et la solidité de formes d'une noble statue visible dans l'ombre.

Tendresse : c'est le contact de corps de la mère et de l'enfant, des mains de femme serrées aux fragiles tempes, une union de chairs qui n'a été jamais exprimée que par de rares artistes, et les sentiments rendus jusqu'aux nuances, jusqu'à la petite douleur physique de l'enfant étreint avec trop de force.

Le Déjeuner : l'enfant libre qui agite

par mouvements d'instinct ses bras et ses mains errants sur la table, contre l'assiette et le verre.

Une fillette ronde et rose comme un fruit, un ruban aux cheveux, tourne les pages d'un cahier, et les tourne de tout son bras étendu, et croit lire, la bouche ouverte pour le cri vif et le vague chantonnement.

La jeune fille est à sa coiffure, le profil en avant, avançant les lèvres en une moue de coquetterie et de grâce souffrante, les mains effilées occupées à lisser les fins cheveux de soie blonde de la nuque.

Et la voici encore, assise, sérieuse, regardant les reflets d'une coupe de verre, perdue dans une rêverie, dans une solitude, où il n'y a plus d'entours, plus d'objets, plus de décors, plus d'indications, d'habitudes d'existence, rien qu'une grise profondeur, du vide de néant, du silence sans fin.

Les fonds indistincts où semblent remuer lentement des formes confuses, où des fleurs épanouies parfument secrètement e silence, où la luisance d'un objet éclaire la chambre d'une clarté de veilleuse, ces fonds sont des décors où tâtonnent des vies qui commencent, où errent les enfants qui veulent parler et grandir, où s'ouvrent tout grands sur la vie les yeux des adolescentes. Il y a donc des espoirs et des illusions qui passent à travers cet air de deuil, comme les chauves-souris voletantes le soir et se cognant à des issues fermées. Des prunelles fines et colorées comme des fleurs, mystérieuses comme des corolles, s'imprègnent de la lumière rare, des bouches charmantes sourient sous ces voiles d'ombres qui s'entre-croisent sur les visages. Les mères qui veillent sur ces jeunes chairs bougeantes, qui croisent leurs regards chaleureux avec ces regards d'inconscience, qui inventent des dialogues en rapport avec le bégayements de ces lèvres impatientes, ces mères oublient l'existence déjà vécue, en réapprennent une autre avec les petits êtres neufs encore dans les langes, avec les sérieuses filles de douze ans. Et pourtant, malgré tant de vouloirs vivaces, tant de promesses de bonheur volontairement affirmées, c'est une impression de tristesse qui se lève de ces demi-teintes, de ces crépuscules et de ces nuits. Ces tableaux de maternités vaillantes, d'enfances joyeuses, de nerveuses adolescences, peuvent devenir des inspirateurs d'affliction et des refuges de désabusement. Ceux qui ont réfléchi sur la vie, et qui regardent ces douces, lointaines et profondes images, se sentent peu à peu envahis par l'envahissante obscurité des souvenirs et des regrets. Sans cesse cette ombre s'accroît et les gagne, les fait retourner en arrière, les replonge dans le passé, les force à évoquer des sentiments et des pensées qui ne sont plus que des fantômes. Les enfants, alors, apparaissent blèmes, délicatement maladifs, promis en pâture à l'existence vorace, au sphinx incompréhensible. Les mères deviennent songeuses, lasses, passives. Les fillettes, sveltes et pâles, ont la fine et anémique beauté, si frêlement poussée, si pâlement fleurie des grandes villes. Il en est une, blanche et rousse, maigre et fière, qui se coiffe, qui passe dans sa chevelure ses doigts transparents. C'est une enfant où va naître la femme, une tiède chair pubère, un vague et hésitant sourire d'inoubliable grâce. Je ne sais pas de plus mystérieux, navrant et hautain symbole de mélancolie qui s'ignore et de prescience douloureuse.

Telles sont ces œuvres, de pensée haute et d'infinie séduction, qui parlent dans ce Salon un langage altier et rare. Celui-là, Eugène Carrière, est un solitaire. Il s'est enfermé dans un rêve dont il refuse de sortir, il ne veut pas aller courir les aventures au dehors. La chambre où réfléchit un intellectuel, où respire un enfant, lui est un monde, toute la nature lui apparaît perceptible en un seul point où se manifeste la vie, où tressaille la matière organique, où se creuse une réflexion, où va bégayer une intelligence.

Il ne représente pas la vie en étendue, mais il la scrute en profondeur. Il sait ce que les spectacles familiers comportent de rêverie et comment ils peuvent aboutir aux attitudes de résignée mélancolie et d'attente tragique. Il est le peintre des humbles existences, mais il ignore les faciles effets d'apitoiement et les mélodrames de misère, il ne cherche l'expression des joies et des tristesses que dans les visages nuancés de sentiments et dans les gestes de passion, il pare la vie éphémère de grâce fine et de muette fierté.

Ce repliement sur soi-même, cette recherche au profond de l'être, ces perpétuelles écoutes des voix qui parlent dans les ténèbres, comportent à la fois une joie d'intimité et la tristesse de la pensée sans cesse aggravée et plus fixe. L'éveil inconscient de la vie cherche la lumière avec des sourires et des larmes, les pressentiments s'élaborent, des visages fatigués se détendent en des repos de tombes et de nirvànas, des activités recommencent sur des physionomies où se combattent la douceur des yeux et l'amertume de la bouche. Dans ces tableaux pour lesquels on peut hardiment employer les mots de poèmes psychologiques, les idées complexes de départs pour l'existence, de haltes et de refuges, s'assemblent et se complètent. Ces logis sont clos et silencieux, et parce qu'ils sont silencieux, on y entend bien mieux le murmure de vie qui est au loin et tout près, comme une arrivée de mer. La lumière a ses ondes sonores et ses échos comme le bruit.

§ XI. — FIGURES ET PAYSAGES

A parcourir de nouveau les salles, des notes peuvent être prises sur un portrait de femme de Mlle Louise Breslau, les cavaliers de M. John Levis Brown, des scènes d'intérieur de Jeanniot, les envois d'étrangers tels que ceux de Liebermann, un paysage : *Dans les dunes,* et la *Cour d'une maison de retraite à Leiden (Hollande)*, intelligente vision d'existences casanières et de jardinets de vieilles, — de Josef Israëls : *Jeunes filles de Zandwort allant à la criée,* de la vérité et de la tristesse du prolétariat de la campagne.

Puis, c'est le groupe des paysagistes, que la vie des champs a empêchés d'être contaminés par les élégances cosmopolites. Cazin, qui exerce dans ce Salon l'influence la plus étendue, qui n'a jamais été plus imité que cette année, a envoyé quatre toiles : *Un soir*, *L'été*. *Moissons*, *Les Voyageurs*, des femmes qui se baignent dans une calme rivière, des champs assombris, une rencontre mélancolique dans une campagne trouble, cette dernière toile fort singulière, évoquant des lectures de romans russes, du nihilisme, Raskolnikoff, Vera Zassoulitch, par je ne sais quelle association d'idées. Des imitateurs, qu'il n'en soit pas question, ils sont trop.

Mais voici des brumes de la mer du Nord et de la Manche, de Boudin, des paysages imprégnés d'eau, des ports, des anses, des bords de quais, des réunions de bateaux, des maisons de pêcheurs. C'est le bassin de l'Eure au Havre et la plage de Schweningue en Hollande, c'est le départ et le retour des barques à Berck, l'entrée et le fond du port à Dunkerque, la plage de Benerville et une vue de Caudebec-en-Caux. — Il y a de fines notes, d'exactes levées de plans de M. Damoye, en Bretagne, de M. Lhermitte, à travers les travaux champêtres, de M. Lebourg, en Auvergne. — M. Émile Barau s'est arrêté, près de Paris, sur la place de l'église de Creil et dans l'île de la Grande-Jatte, mais il reste peintre de Champagne, épris du sol de calcaire, de la verdure maigre, des filets d'eau coulant entre les pierres. La *Rue à Roisy*, le *Coucher de Soleil*, *Boult-sur-Suippe*, l'*Impression d'automne*, le montrent fidèle au pays où il a pris son inspiration, où s'est développé son talent. Il connaît les solitudes particulières des rues de village, alors que les gens sont aux champs et que le⬤⬤ons donnent la sensation que les habi⬤⬤s ne sont pas partis bien loin et vont rentrer tout à l'heure. Il sait la juste place qu'occupe, dans un paysage, la silhouette du passant sur la grande route, dans une plaine coupée de bois, sous un profond et doux ciel. — M. Alfred Schlaich a établi son poste d'observation entre Vincennes et Bagnolet. Il descend parfois à Paris, il en rapporte une rue Royale, un Trocadéro, le soir,

mais il revient, par Bercy, il s'arrête à
Vincennes, il parcourt à nouveau les rues
de Montreuil-sous-Bois, il est épris de
ce pays aux terrains glaiseux, aux guin-
guettes rouges, aux monticules d'où l'on
a des échappées sur l'Océan de maisons de
Paris, et il exprime des goûts d'esprit et des
habitudes de vie dans des pastels où s'a-
paise la banlieue aigre et souffreteuse. —
Parmi les six toiles de M. Sisley, l'une :
Le Loing et le coteau de Saint-Nicaise,
est empreinte d'une lumière rose et sereine où s'adoucissent les maisons, la colline, la rivière, dans un échange de tendres
reflets. M. Victor Binet a affirmé sa nature
de paysagiste dans des sens très différents.
Il a reconnu et délimité, dans les *Carrières
de Gentilly*, les abords de grande ville et le
panorama lointain des maisons. Avec le
Soir, il se montre subjugué par la poésie
d'une certaine heure, de l'heure crépus-
culaire qui assouplit les plans, qui vert-
de-grise les arbres, qui conduit aux mystérieux horizons les sentiers indistincts. Le
Jardinet de Montrouge est l'analyse d'une

lumière d'hiver, par une après-midi où la
légère brume flotte et se violace. C'est en
même temps une jolie et scrupuleuse représentation d'un coin de faubourg, la maison de plâtre, les maigres arbustes, la pe-
louse minuscule. M. Victor Binet a exprimé
en un dessin finement coloré les brindilles
moussues, le tournant du sentier humide,
la fragilité de la bâtisse.

L'effort très attendu de M. Meissonier a
consisté à peindre un *Octobre* 1806, où l'é-
popée napoléonienne devient à peine une
équipée. L'air manque dans ce musée de
costumes militaires où la Redingote grise
est en enseigne. Le tableau tant acclamé à
l'avance est tout au plus une illustration
pour une Histoire à la façon de M. Thiers.

Un de ceux qui honorent le plus la peinture française actuelle, Ribot, occupe tout
un panneau avec le portrait de Mme T. Ribot, le portrait de M. Léon Mage, la *Femme
aux lunettes, Devant le Calvaire, Une Fla-
mande, Au Sermon,* les *Titres de famille,
la Gibecière,* les *Perles noires, la Tricoteuse.*

Il y a la force et le savoir que l'on sait dans ces figures qui se délimitent sur les fonds opaques, certains portraits ont une allure d'autorité, et l'assemblée de Bretonnes est d'une cohésion à la fois délicate et vigoureuse. Quelquefois pourtant, malgré cette solidité de pâte, la construction seule des visages apparaît en avant, la forme de la tête semble absente, les chairs sont appliquées en minces lamelles sur les énergiques noirceurs.

§ XII. — PUVIS DE CHAVANNES

Dans l'une des galeries du Champ-de-Mars, une œuvre ravit les yeux, invite l'esprit, par l'éternelle poésie qui émane d'elle. C'est celle de Puvis de Chavannes : *Inter artes et naturam*, panneau destiné à l'escalier du musée de Rouen.

C'est un enclos fermé d'une haie de pommiers qui s'arrondissent et s'entrelacent en cloître, et c'est un enclos ouvert, à travers les branches, sur un incomparable paysage, les collines, la vallée de la Seine, les ponts, le large fleuve, les îles en bouquets, la ville hérissée de clochers, tout un espace de vapeurs bleuâtres, lointain et étendu comme la mer. Dans le doux jardin abandonné, des hommes, des femmes, des enfants, assis, se promenant, causant, s'arrêtant devant des fragments d'architectures, des chapiteaux, des morceaux de fresques. Ce sont des femmes, vêtues de vert pâle, de rose, de violet, une mère qui endort sa fille, des artistes en costumes modernes, très simplifiés et très harmonieux, vestons, blouses grises et bleues, un enfant qui traîne des feuillages, un autre enfant tenu en des bras maternels, d'autres femmes, assises, debout, en robes lilas, bleu pâle, gris clair, un adolescent qui porte des terres cuites.

Dans le bassin desséché, des fleurs, des iris, dans l'herbe, des fleurs jaunes et rouges, dans la main d'une femme, une tulipe. Ces fleurs sont des points lumineux ajoutés encore à la lumière sereine de ce tableau, où tout est lumière, où tous les êtres, tous les

objets sont enveloppés de clarté. La Normandie du fond est d'une vérité grandiose,
et ce jardin de rêve s'ajoute tout naturellement, par la magie du poète, à cette contrée
véridique. La terre se déroule sous le ciel
infini, une terre exacte où vivent les hommes, et voici, dans l'étroit espace, — sur
cette terrasse comparable aux balcons du
ciel de Baudelaire :

> ...Vois se pencher les défuntes Années,
> Sur les balcons du ciel, en robes surannées,

— voici les figures vivantes qui symbolisent
les idées fécondes et les années disparues.

Par ce décor s'exprime une émanation
d'humanité, un résumé de civilisation, Hier
si proche d'Aujourd'hui, le passé vu par la
mélancolie d'un moderne. La représentation
réelle et vivante des préoccupations idéales
de l'humanité apparaît en cette réunion de
femmes aux corps charmants, d'hommes
aux sérieux visages, qui sont à la fois
scrupuleusement vrais et synthétiquement
expressifs. En même temps qu'une apo-

théose du paysage normand, il y a exaltation de ce qui peut subsister de l'homme,
un fragment d'art, une lointaine pensée.
Une telle fresque, résurrection de l'histoire,
évocation du monde des pensées, qui vous
arrête au passage et vous fait pénétrer dans
d'aussi hautes régions de poésie avec une
grâce si accueillante qu'elle vous donne l'illusion de frôler des compagnes habituelles
et de marcher dans des sentiers familiers,
une telle fresque devient la gloire d'une ville
et d'un temps. Rouen s'augmente d'une exquise parure et le civilisé d'aujourd'hui re-
pose sa lassitude dans cette atmosphère de
recueillement et d'oubli.

§ XIII. — LA SCULPTURE

Aux Champs-Élysées.

Sur presque tous les socles, des attitudes
déjà vues, des pieds en l'air, des bras ar-
rondis. Pauvreté de conceptions qui paraît
singulière lorsqu'on songe à la souplesse et
à la complexité des mouvements de la vie.
La *Femme au paon* de M. Falguière est une

figuration accentuée de l'orgueil, et un recommencement trop évident de la Diane. Pour le monument du peintre Guillaumet, M. Barrias a eu l'heureuse idée de sculpter une jeune Algérienne de Bou-Saada qui jette des fleurs sur le médaillon de l'artiste. Le *Marceau* de M. Morice monte péniblement dans un bas-relief, avec l'aide d'une Renommée. Le sabre et les bottes rendent l'ascension plus lourde et plus déplaisante. M. Marqueste fait lutter Persée et Gorgone. M. Delaplanche dresse à la mémoire d'un archevêque de Bordeaux le monument classique pour prélats. L'*Ève* de M. Garnier est comme tatouée par l'application de ses cheveux au corps : on cherche un cœur, une flèche, et le nom d'Adam. M. Antonin Mercié a représenté la Peinture en statuette, et a taillé Victor Hugo en Jupiter, Jupin plutôt que Zeus.

Divers bustes : M. Pasteur, par M. Paul Dubois, — Gavarni, par M. Injalbert, — Ricord, par M. Doublemard, — M. Gréard, par M. Crauk, — M. Spuller, par M. Aubé, — M. Perrin, par M. Guillaume.

Le monument de Flaubert, par M. Chapu,
est mièvre. Le Danton, de M. Desca, est
plus raisonnablement brutal, mais d'une
brutalité convenue. Il faut donner une autre
place au Velasquez, de M. Fremiet. Sur le
lourd cheval, c'est une silhouette fringante
du peintre espagnol. Ce cheval, dit-on, est
un cheval de toréador. Le Velasquez, alors,
devient singulier. Malgré cela, il surgit avec
vérité en cavalier artiste, manteau court,
chapeau à plumes, serré dans son justau-
corps, botté, l'épée au flanc, une menue
branche de laurier entre les doigts. C'est
une effigie compréhensive de celui qui
peignit les rois ennuyés, les infants anémiques sur les chevaux massifs, l'élégante armée des Lances. Une autre statue délicate
et intelligente, c'est celle de M. Gérôme :
Tanagra, un marbre discrètement coloré
en chair, rosé aux seins et aux lèvres, une
femme au front bas, au nez droit, qui tient
en sa main une statuette de danseuse. D'autres statuettes, dorées, faiblement colorées,
sortent de terre, sous ses pieds. C'est une
charmante évocation, réelle et archéologique.

Au Champ-de-Mars.

Là, les sculpteurs se sont installés comme ils ont pu, sous un jour défectueux. Et c'est fâcheux, car les œuvres distinguées et fortes y sont en nombre : la *Mort*, de Desbois, un grand effort et une exécution solide, une Mort à la fois squelettique et décharnée, hypocrite, ironique, cruelle, penchée, le geste invitant, vers le malheureux qui la repousse, un groupe qui aurait été l'honneur d'une église du xve siècle ou d'un de ces cimetières de Bretagne où les têtes décharnées rient dans les reliquaires, — le *Victor Noir* et le *Lavoisier*, le buste de M. Floquet, un bas-relief des Châtiments, de beaux envois de Dalou, — les *Berrichons* de Baffier, moissonneur, pionnier, greffeux, pâtre, sonneur de vielle, — le Puddleur, le Marteleur, le Débardeur, le Souffleur de verre, de Constantin Meunier, quatre bronzes de haute allure, — la Nymphe, de Michel Malherbe, — le Masque, de Devillez, — le buste d'Edmond de Goncourt, très vivace, et le buste de Daumier, très narquois, de Lenoir, — le bas-relief de Mme Cazin, —

les médaillons de Ringel, — la *Mère et l'Enfant*, et la jolie statue de fillette en faïence, de Mme Besnard, — enfin, les envois d'Auguste Rodin, réservés pour un dernier chapitre.

Dans la section de gravure au Champ-de-Mars, le nom de Guérard doit être cité pour ses planches originales, et le nom de Desboutin pour ses Fragonard. Aux Champs-Élysées, beaucoup de reproductions, peu d'œuvres personnelles. M. Baude montre encore une magnifique gravure sur bois, le Rembrandt vieux de la National Gallery. M. Kratké a bien gravé un Constable. MM. Dautrey et Alasonière ont fidèlement interprété Millet, le premier avec l'*Homme à la reste*, le second avec l'*Aumône*. MM. Dillon et Lunois ressuscitent pour leur compte la lithographie trop dédaignée. M. Léveillé a extraordinairement reproduit en une gravure sur bois le Rochefort, de Rodin, comme il avait déjà reproduit le Dalou. M. Haig a gravé à l'eau-forte deux vues de la cathédrale de Burgos, et M. Vic-

tor Focillon a gravé d'une fine pointe, sûre
d'elle-même, des Meules, de Millet, et un
Claude Gueux, de Raffaëlli.

§ XIV. — RODIN

Le grand sculpteur de ce temps, l'énergique maitre de la matière, Auguste Rodin,
est représenté au salon du Champ-de-Mars
par quelques œuvres qu'il intitule simplement : Ebauches, Esquisses ou Marbres.
Lorsqu'on verra de lui quelque haute
figure, ou l'un de ces ensembles grandioses auxquels il travaille dans l'atelier de
la rue de l'Université ou dans l'atelier du
boulevard de Vaugirard, l'impression pro-
duite par de semblables conceptions sera
nouvelle et profonde. Toutefois, la marque
matérielle et spirituelle de l'artiste est empreinte sur ces fragments et ces figures :
un admirable buste de femme, au visage
harmonieux, la nuque renflée, les cheveux
drus, la bouche expressive, les yeux sou-
riants, la chair vivante, — un torse beau
comme n'importe quel torse antique, —

une femme penchée vers la terre, le corps
souple et frémissant, — une Vieille femme
qui est la statue même des décadences et
des regrets de la vieillesse. On songe, en
la regardant, aux vers de Ronsard, aux
vers de Baudelaire. La vie vécue apparaît
avec ses espoirs anéantis et sa décrépitude
irrémédiable.

C'est une nouveauté hardie qu'une telle
œuvre. Quand il s'agit de la femme, habituellement, en art et en littérature, c'est
d'une certaine femme qu'il s'agit, de la
femme de dix-huit à vingt-cinq ans, trente
ans quelquefois, chez les audacieux. C'est
le type conventionnel que les habiles et les
coquets fleurissent de lys et de roses. Rodin,
lui, s'est avisé que la femme de soixante-
dix ans existait, et il l'a sculptée, il lui a
donné la durable existence. Une fois de
plus, par cette trouvaille de posture acca-
blée, de bras lassés, par cette étude d'une
armature humaine défaite, d'une chair flé-
trie, d'une douleur où il y a de la passivité,
— une fois de plus, Rodin s'est affirmé un

statuaire d'expressions et d'attitudes nouvelles.

Les attitudes nouvelles! C'est par elles,
même en s'en tenant à la technique d'un
métier et à la matérialité d'un art, que peut
se démontrer la hardiesse de nouveauté et
l'originalité profonde de Rodin. Dans ce
temps-ci, la remarque doit en être faite, et
elle peut être facilement vérifiée aux expositions annuelles, les pratiques de l'École,
la routine des commandes, l'habitude si
facilement prise et gardée de se contenter
des moules conventionnels, font que la
sculpture réside en quelques poses admises
qui pourraient être facilement énumérées.
Un corps droit, une jambe infléchie, un
bras levé, — un corps étendu, accoudé, —
les mains croisées derrière la tête pour faire
se projeter le buste en avant, — une tête
inclinée, une main tenant un coude, et l'autre main au menton, — tels sont les princi-
paux arrangements de lignes, à peine aug-
mentés de quelques variantes insignifiantes,
qui rendent si monotone la foule semblable
des statues.

.Rodin, s'avisant de comparer les formes existantes avec les formes reproduites, est resté stupéfait devant les innombrables positions possibles. Non seulement, pour lui, les attitudes ne peuvent être réduites à quelques types, mais encore elles lui apparaissent infinies, s'engendrant les unes les autres par les décompositions el les recompositions de mouvements, se multipliant en fugitifs aspects à chaque fois que le corps bouge. Ce n'est pas la difficulté d'apercevoir une combinaison inédite qui le frappe et l'effraie, c'est au contraire l'impuissance, imposée par le manque de temps, par la brièveté de la vie, à recréer dans le marbre et le bronze toutes les combinaisons de lignes et nuances d'expression qui se reflètent dans les yeux qui savent voir. Pour employer les vives images, les saisissantes comparaisons qui n'ont pu encore être usées par l'usage, les attitudes des corps sont, pour lui, nombreuses comme les vagues de la mer, comme les grains de sable des grèves, comme les étoiles du ciel. Après les vagues visibles, là-bas, au loin,

il en arrive d'autres, sous les grains de
sable, les grains de sable s'accumulent, au
delà des astres vifs et de la poussière d'or
du ciel, il y a des étoiles, encore et toujours. La vie passe devant l'observateur,
l'entoure de ses agitations, et le moindre
de ses frissons, devenu perceptible, peut se
fixer en une statue définitive, comme une
brusque et intime pensée peut éclore en une
page durable, et y inscrire à jamais un état
de l'humanité.

XIV

SALON DE 1891

AUX CHAMPS-ÉLYSÉES
ET AU CHAMP-DE-MARS

§ I. — LA PEINTURE

AU PALAIS DE L'INDUSTRIE

Les promeneurs du vernissage au Palais de l'Industrie, n'auront peut-être pas
la sensation d'une production diminuée et
d'un jury plus sévère. Le nombre des œu-

vres exposées apparaîtra probablement aussi considérable, et pourtant il y a seulement 3,660 numéros au catalogue, alors que l'année dernière il y en avait 5,301. En 1890, il y a un chiffre de 2,480 peintures. Cette fois, ce chiffre est 1,733, soit 747 peintures de moins. Au lieu de 952 dessins, aquarelles, pastels, miniatures, etc., le total est 486, soit 466 numéros en moins. La sculpture est également réduite, 740 plâtres, bronzes et marbres, et non plus 1,196. Différence : 456. La gravure en médailles et sur pierres fines n'a subi qu'une faible soustraction de 8. C'est 54 pièces, alors qu'il y en avait 62. La section de gravure et lithographie est peu atteinte également, 436 cadres à la place de 461. Il en a été écarté 25. Seule, l'architecture monte. L'an dernier, le chiffre est de 150. Cette année, il est de 211. L'augmentation est de 61. Il faudra surveiller cette petite folle d'architecture, qui fait mine de s'émanciper.

Cette arithmétique était nécessaire pour expliquer l'émotion populaire, le mouvement d'insurrection, qui viennent de se produire dans la foule des refusés. Au Salon du Champ-de-Mars, la résistance des jurés a été plus vive, et des assaillants en plus grand nombre encore sont restés sur le carreau. La bataille a été rude, et Paris en ce moment est plein de toiles crevées et de bustes pulvérisés. Les vaincus se sont retirés au fond de cafés spacieux, ont voté des motions, nommé des comités, décidé d'entrer de nouveau en ligne au mois de juin, quand ils auront repris des forces et choisi un terrain favorable.

Ces vaincus ont raison, car il est bien évident que beaucoup d'entre eux avaient le même droit à la cimaise que ceux qui les ont évincés. Toutefois, la superficie des toiles présentées ne peut dépasser la superficie des murailles disponibles, le contenu ne peut pas être plus grand que le contenant. La nécessité d'un troisième, d'un quatrième, d'un cinquième Salon, et de tous les Salons qu'on voudra, s'impose donc, et même un rédacteur des *Débats* a pu proposer d'accrocher les cadres aux arbres du Bois de Boulogne. Soit. La seule réserve à faire, et

il est grand temps de la faire, c'est sur le
laps de temps qui doit être accordé à ces
manifestations. Il semble qu'en deux mois,
mai et juin, avec un Salon par semaine,
tout puisse être réglé. Il faut organiser le
campement des peintres et ne pas leur livrer
la ville pendant toute l'année.

Pour le public d'aujourd'hui, il considère
cette ouverture du Salon des Champs-Élysées comme une préface à l'ouverture du
Salon du Champ-de-Mars, comme une mise
en train pour la promenade de la quin-
zaine prochaine. Il se distraira pourtant des
améliorations apportées à la mise en scène,
de l'agencement nouveau des galeries, du
changement de place des dessins, pastels,
aquarelles, gravures, de la création d'un
salon de repos proche le buffet. On verra
là une preuve de l'utilité de la concurrence,
on s'amusera de l'avenir de distractions que
vaudra aux visiteurs cette émulation entre
les deux Sociétés rivales. L'adjonction des
objets d'art a été décidée déjà au Champ-
de-Mars, ce qui est bien. On parle mainte-

nant d'inviter la musique, ce qui n'est pas non plus une mauvaise idée. C'est un commencement, et il est sûr qu'on ne s'arrêtera pas en chemin, que la peinture et la sculpture deviendront de plus en plus accessoires, et qu'on en arrivera à ouvrir des Salons qui seront des lieux de plaisir parisien, des jardins d'été, des salles de concert, de théâtre, de bal, avec pourtour et promenoir, danseuses et promeneuses, diseurs de monologues, chanteuses de cafés-concerts, etc.

Il n'y a nul inconvénient à ces pratiques anglo-américaines. Peu à peu, les quelques artistes qui s'attardent encore dans ces cohues se retireront à l'écart, on saura où les trouver, et leur œuvre sera mieux vue par ceux qui auront le désir de la voir. Ce sera un des bons résultats de la singulière évolution qui s'accomplit à grand bruit de réclame, et tout le monde, on peut l'espérer, y trouvera son compte, les artistes, le public et les critiques. Comment ces derniers accompliraient-ils, en effet, dans les conditions actuelles, le labeur qui leur est demandé, comment se résoudraient-ils à l'énumération

de tant de toiles qui se ressemblent? C'est
un travail qui est suffisamment fait par le
catalogue. Devant ces milliers d'œuvres, on
ne peut guère fournir qu'une impression générale, dire le résultat de confusion, de colo-
riage criard, de puérile ingéniosité, obtenu
par toutes ces mains habiles rompues aux
besognes hâtives, aux exécutions matérielles
qui indiquent l'absence de lentes réflexions.
Du faire adroit, de l'adaptation indifférente, il y en a. Mais toute cette adresse et
tout ce pastiche sont des quantités négligeables, de même que la recherche de l'intention et la trouvaille de l'anecdote. Chez
les peintres notables et achalandés, et chez
les débutants qui essayent de s'approprier
les marques à succès, la même prestidigita-
tion et la même lassitude apparaissent. Chez
presque tous, il y a paresse ou insuffisance
intellectuelle, l'esprit est mis à la torture
pour trouver le sujet alors que la vie abondante, multiple, sans fin, s'offre aux regards
qui savent voir, — chez presque tous il y a
l'aveuglement sur cette vie, l'impuissance à
découvrir les beaux spectacles coutumiers.

On pourra alambiquer les esthétiques, disserter sur les méthodes, la vérité qui ressort de l'étude des musées et de l'histoire de l'art, c'est que le haut talent a toujours été en accord avec une belle cérébralité, avec une conception passionnée et intelligente de l'existence. Pas une des œuvres d'art qui ont survécu n'échappe à cette loi vraiment par trop facile à découvrir. La compréhension des choses, la sensibilité instinctive, la réflexion profonde, se présentent, en un tout inséparable, avec la beauté des lignes, le charme voluptueux de la couleur, la force de réalisation par le modelé, la merveilleuse fixation de la lumière.

Il faut ajouter à ces réflexions quelques indications de noms et d'œuvres. Il importe de savoir que le tableau mis en meilleure place, en face la porte d'entrée du Salon d'honneur, c'est la *Voûte d'acier* de M. Jean-Paul Laurens, une toile énorme d'une réussite contestable. La réception de Louis XVI par Bailly et Lafayette se ré-

sout ici en une froide exposition de costumes de courtisans et de constituants, la
Révolution est résumée par des mollets
blancs et par des mollets noirs, par un
Louis XVI costumé en pigeon ramier, et
l'on chercherait en vain d'autres signes caractéristiques des passions de ce temps-là
et de ce jour-là dans cet immense défilé
d'habits mis en scène à la façon de M. Sardou. — C'est une autre méthode qui prévaut
dans les scènes d'histoire que choisissent
M. Chalon, M. Rochegrosse et quelques
autres. La *Mort de Sardanapale*, la *Fin de
Babylone*, amusent l'œil par des détails
archéologiques et l'agacent par l'ensemble
inharmonique où le caractère essentiel de
ces formidables écroulements n'est pas marqué. Tout y est, excepté le drame humain,
et l'on se refuse à prendre au sérieux ces
catastrophes d'Eden-Théâtre, ces fins de
drames en attitudes de ballets, ces apo-
théoses dans la lumière électrique.

Les voyants de l'histoire sont rares. Un
Michelet et un Delacroix sont des solitaires
exceptionnels, et il y aurait quelque naïveté

à leur vouloir trop de congénères. Combien de peintres sont aptes à faire oublier le modèle sous les oripeaux et dans le bric-à-brac ! C'est donc là un sujet où il n'y a pas à s'attarder. Il vaut mieux vite nommer les anciens chefs de file qui se sont serrés autour de M. Bouguereau, et qui exposent, cette année, comme tous les ans, leurs produits immuables. De M. Henner, un Christ et une Madeleine, pas plus renouvelés d'attitudes et d'expressions que ceux des années précédentes. Le même procédé aussi, une chair glacée qui fond dans des opacités de chocolat, une pâte de peinture grasse et savoureuse, mais sans atmosphère. M. Jules Lefebvre montre son mal académique aggravé par une *Nymphe chasseresse*. M. Albert Maignan fournit une *Mérovée jeune à sa toilette* qui s'inscrit dans la pauvre manière historique indiquée tout à l'heure, et un *Dormoir de sirène* qui donne une étonnante idée du fond de la mer. C'est extrêmement inférieur à l'aquarium du Trocadéro. M. de Munkacsy se montre tapissier encombrant dans son portrait de femme bloquée par les meubles et les plantes d'appartement. J'aime mieux les portraits un peu blancs et expressifs de MM. Jules Simon et Bonnat par Jean Gigoux. *Un coin du Caire*, de M. Gérôme, est un sec découpage de maisons, une étendue restreinte qui fait songer à un jeu de dominos parsemé de pièces d'échiquier. Le *Lion aux aguets*, ceci dit sans raillerie, a des apparences de singe. C'est un lion qui finira évidemment au Nouveau-Cirque, et l'observation n'est pas dépourvue d'agrément. Le petit paysage est drôlet, éclairé comme par une flamme d'allumette. Le lion de M. Bonnat ne vaut pas ce spirituel lion de M. Gérôme. Le lion que déchire le Samson de M. Bonnat est un lion de « chevaux de bois », et le seul compte rendu possible de pareilles histoires est le compte rendu à petites images des caricaturistes du *Charivari* et du *Journal amusant*.

On trouve le repos devant les peintures de Fantin-Latour, *Danses*, *Tentation de Saint-Antoine*, où la vue se récrée enfin de l'harmonie des fonds avec les premiers plans, où les draperies d'une richesse sombre, les robes de couleurs pâles, de nuances effacées, les nobles feuillages de parcs, les gestes de bel opéra, ont l'éloquence de couleur et de rythme habituelle à l'artiste.

Quelques bons portraits sont signés de MM. Cormon, Amand Gautier, Guthrie, Aman Jean, Raphaël Collin, Parmi les paysagistes, M. Harpignies a peint une *Aurore* et un *Couchant*, une arrivée et un départ de lumière sur de doux feuillages, de sombres roches.

§ II. — LA SCULPTURE

La nef du Palais de l'Industrie est encore plus vaste et plus vide cette année que les années précédentes. Les chefs-d'œuvre sont absents, ce qui n'est pas pour surprendre, car il y a souvent des années sans chefs-d'œuvre. Mais les œuvres même s'y font rares, excessivement rares. Il faut une certaine bonne volonté pour découvrir parmi les monuments dégingandés, les nus de fausse élégance, les bustes vulgaires, un morceau qui révèle une réflexion et une étude.

Pourquoi donc s'épuiser en descriptions, développer des raisonnements d'esthétique? Quand les artistes ne consentent pas à des renouvellements et à des efforts, les journalistes chargés de la critique d'art ne sont pas tenus à de longues explications. Il faut prendre cette nef pour ce qu'elle est, pour un lieu de promenade fort agréable aux heures claires de la matinée. On est installé à merveille sur ces bancs pour fumer des cigarettes, et les femmes en jolies toilettes qui se promènent là sont des statues vivantes et souples autrement expressives que les silhouettes de plâtre et de marbre qui gesticulent sur les piédestaux.

A quoi bon se déranger de cette sieste et de cette contemplation pour chercher des noms dans le catalogue et pour inscrire des notes sur son carnet. D'ailleurs, le métier de sculpteur est un rude métier, dans lequel on arrive rarement à gagner sa vie, à nouer les deux bouts de l'année. Les modèles sont chers, la matière employée est onéreuse, le placement de l'œuvre est difficile. Pas encore assez difficile, sans doute, puisque les places publiques, les vestibules de monuments et les cimetières — les cimetières, où il ne devrait y avoir que des œuvres admirables — sont encombrés des extraordinaires morceaux que l'on sait. Il n'y a donc pas à interpeller directement ces braves gens à grandes barbes, qui, pour la plupart, mènent des existences de manœuvres, modelant la glaise, gâchant le plâtre, taillant le marbre, prenant leur repas dans les boutiques de marchands de vins, peintes en rouge, du quartier Montparnasse.

Quelques-uns, que l'on pouvait considérer comme des arrivés, sont morts, et leurs œuvres sont tous les jours fleuries de fleurs fraîches. Pourquoi regarder de trop près, discuter trop âprement? La princesse de Galles, de Chapu, assise, le front crénelé comme les fronts des statues de villes de la place de la Concorde, est d'un corps

bien léger, d'une physionomie bien incon-
sistante, dans son lourd fauteuil, sous la
lourde garniture de sa robe. L'*Ève avant
le péché*, de Delaplanche, est d'une malice
excessivement précoce, et c'est elle, évidemment, qui va séduire le serpent. Et voici,
parmi les vivants, M. Mercié, avec la *Toilette de Diane*, un groupe sans accent qui
essaye de plaire, et M. Falguière, auquel on
fait tous les ans le même succès en l'honneur de Diane. Cette année, il a reproduit
un modèle un peu plus allongé que les
années précédentes. La décocheuse de
flèches apparaît au loin svelte et élégante,
mais les membres sont ronds, sans tres-
saillements, sans muscles ni nerfs, sans
une dominante de mouvements. C'est, en
somme, d'une inspiration assez semblable,
en sculpture, à l'inspiration de M. Jules Lefebvre en peinture. Art d'Institut, pondéré
et connu.

Il faut citer la *Peinture* de M. Turcan,
le groupe de M. Stephan Sinding : *Homme
et femme*, la statuette de *Saint-Georges* de
M. Fremiet. L'émotion historique pourrait

être contestée au *Danton* de M. Paris, et des objections pourraient être faites à l'Alsace et à la Lorraine que M. Bartholdi a sculptées pour le monument de Gambetta.

§ III. — AU CHAMP-DE-MARS

Le décor des salles est agréable, les galeries sont assez spacieuses pour favoriser les promenades devant les toiles, la lumière est bien distribuée à travers les vitres et les velums, le salon rouge et le salon bleu invitent le passant fatigué au repos, le jardin vitré, verdoyant et fleuri, est un joli asile offert aux sculpteurs... Voilà les aimables constatations qui peuvent être faites à propos de ce lointain Salon du Champ-de-Mars, ouvert pour la seconde fois entre la Tour Eiffel et la Galerie des Machines. On peut encore rendre hommage à la cage de l'escalier, aux vitrines où sont exposés les objets d'art. Mais pour l'art lui-même, pour tout ce qui est peint, dessiné, gravé, sculpté, façonné en une matière quel-

conque, exposé dans des cadres ou sur des
piédestaux, pour cet art à la mode qui fait
se pâmer tant de messieurs et de mesda-
mes, l'enthousiasme n'est guère de mise.
C'est une production qui est en accord avec
l'ameublement, les tapis, les fauteuils, les
banquettes, tout ce qui est du ressort de
MM. Alphand et Belloir. Cela va connaître
le succès bruyant d'un jour, les bavardages
élogieux du public, les phrases hâtives de
la critique, les réclames à images des journaux illustrés. Mais c'est tout. Succès d'un
jour et durée d'un jour.

Qu'on se promène à travers ces galeries
avec la préoccupation de ce qui doit sur-
vivre. Avec quelque habitude d'œil et de
cerveau, le compte sera vite fait des belles
œuvres égarées dans ces luxueux magasins,
et il faudra bien reconnaître que les mêmes
maladies de banalité et d'imitation qui
règnent aux Champs-Élysées existent aussi
au Champ-de-Mars à l'état aigu. On n'a
pas tout dit, et on n'a même rien dit, lorsqu'on s'est réjoui d'un Salon moderne,
d'un Salon clair, d'un Salon influencé par

l'impressionnisme. La belle affaire, que les peintres s'ingénient à représenter des sujets de la vie d'aujourd'hui, s'ils les représentent sans compréhension et sans profondeur, avec la même facilité déplorable qu'ils montraient également autrefois, alors qu'ils traitaient les anecdotes costumées du genre historique. La belle affaire, que leurs tableaux soient clairs, si cette prétendue clarté, mal imitée des maîtres de la lumière, est sans harmonie, et si les couleurs échantillonnées violent les inexorables lois des valeurs. Cette clarté-là aboutit aux aspects blafards et plâtreux, ce faux impressionnisme se résout en ombres violettes qui tachent au hasard les toiles. Grand merci !

Ce sont des individus qu'il faut chercher, ce sont des œuvres longuement vécues, avec émotion, avec passion, qu'il faut réclamer. Il est quelques-uns de ces artistes, indifférents aux procédés régnants, aux manières acclamées, aux succès organisés et consacrés par la société mondaine. Ceux-là vivent librement leurs conceptions et se réfugient

dans leur art comme dans une cellule. Ils
ne sont pas nombreux ici, et comment
seraient-ils nombreux? Les artistes personnels ne foisonnent pas, ne se rencontrent
pas tous à la fois en un rendez-vous banal d'exposition. Ils sont clairsemés dans
chaque siècle, et c'est déjà une bonne fortune d'en rencontrer par occasion dans les
fêtes données au Tout-Paris. Je ne man-
querai pas de signaler ces exceptionnels et
de dire quelles sensations peuvent faire
naître leurs œuvres.

L'admirable paysage, l'*Été*, de Puvis de
Chavannes, vaut que la pensée erre à loisir
par cette étendue de champs et de bois. La
montée de la maîtrise d'Eugène Carrière,
la rencontre de son esprit avec l'esprit de
Daudet, son évocation rapide et inoubliable
de Verlaine, la beauté expressive de ses
visages de femmes, exigent une rêverie non
troublée par la foule. L'œuvre dominatrice
de Whistler est représentée par un paysage
d'eau et de navires et par un portrait de
femme de haute allure, auxquels on pourra
demander des renseignements sur la dis-

tinction cérébrale et sur la simplicité énig-
matique de leur auteur. J'aimerai encore
dire le charme des anciens marmitons de
Ribot, heureusement revenus à la lumière,
et montrer dans quelle banlieue bleuâtre
et attendrie vit à présent Raffaëlli, qui expose, avec ses paysages, un très intelligent
et vivant portrait du peintre Dannat. Et
encore, çà et là, car la nomenclature tire
à sa fin pour les peintres, un morceau bien
venu, un paysage de fine exactitude, un
portrait curieux. Par exemple, une souple
silhouette de M. Besnard, les portraits de
M. Blanche, des scènes de MM. Jeanniot
et Lobre, les panneaux de M. Marchal, la
femme en robe jaune de Stevens. Les paysages sont nombreux. Il y en a de MM. Victor Binet, Ary Renan, Boudin, Lhermitte,
Damoye, Barau, Lépine, Cazin, Lebourg,
Sisley. Il y aurait bien à dire sur beaucoup
de ces paysages qui donnent une envie, une
envie folle, d'aller voir de la vraie campagne. Si je résiste pendant quelque temps
à ce désir, habituellement suggéré par la
verdure des Salons, je reviendrai à l'exa-

men des œuvres des paysagistes du Champ-
de-Mars.

Et puis, beaucoup d'imitations, de procédés éculés remis à neuf, beaucoup de promiscuité dans l'habileté. Tous ces exposants
se connaissent, sont au courant des derniers
trucs, à l'affût des plus minimes trouvailles.
On pourrait croire qu'ils se prêtent entre eux
leurs observations, leurs moyen de peindre,
leurs palettes, leurs cadres. La grosse majorité, l'immense majorité, ne songe pas à la
vie, cette vie énorme, multiple, sans cesse
renouvelée, toujours inédite, toujours inattendue, qui s'offre à chaque esprit qui vient
de naître. Non, c'est à la façon d'opérer du
voisin que l'on songe, c'est chez lui que l'on
s'introduit avec effraction ou avec prudence.
Vraiment, puisqu'il y a des jurys qui fonc-
tionnent, est-ce qu'ils ne devraient pas faire
quelque objection aux envois de ces imitateurs effrénés de Puvis de Chavannes, de
Whistler, de Carrière, et à tous les pasti-
cheurs d'impressionnisme? C'est la tare des
Salons, de tous les Salons, cette confusion

créée par les plagiaires. Il y a d'autres vices,
certes, et je ne vois pas trop ce que le Champ-
de-Mars et les Champs-Élysées pourraient
avoir à s'envier à quelque point de vue que
l'on se place. Au fond, tout se ressemble,
tout se vaut. MM. Carolus Duran, Jean
Béraud, Duez, Gervex, etc., ne sont pas,
somme toute, d'une supériorité écrasante,
si on les place en comparaison de MM. Bouguereau, Henner, Bonnat, Gérôme, etc. Il
y aurait encore bien d'autres observations
à noter : — sur l'étonnante inspiration de
ce tableau de M. Béraud, où le Christ, assis
parmi des messieurs en habit noir, relève
une Madeleine moderne en costume de
bal, — sur le curieux document établi par
M. Friant, Coquelin aîné soucieux et napo-
léonisant qui écoute une lecture par Coquelin jeune, — sur les conscrits de M. Dagnan-
Bouveret qui déploient hors de la toile un
excessif drapeau tricolore. Mais il faut savoir
se borner, le premier jour, et traverser le
jardin de la sculpture où exposent Rodin,
Constantin Meunier, Desbois, Dalou, Baffier, Charpentier, Injalbert, Lenoir, Raf-

faëlli, et de nouveaux venus comme Bourdelle et Bartholomé. La section des objets
d'art, enfin inaugurée au Salon, présente
quelques œuvres et fragments d'œuvres
tels que les meubles de Carabin, le lustre
en fer forgé de Servat, les vases de Chaplet, de Deck, de Delaherche, de Gallé...
C'en serait assez pour justifier l'adjonction
de ces objets où peuvent s'affirmer, où s'affirment déjà, des artisans vivaces, des artistes solitaires.

§ IV. — PUVIS DE CHAVANNES

L'artiste qui a déjà peint tant de ses rêves
aux murailles de nos édifices, — à Lyon, à
Marseille, à Amiens, — au Panthéon et à
la Sorbonne de Paris, expose cette année,
au milieu de tant de colifichets de la mode,
le complément de la décoration du musée
céramique de Rouen, la *Poterie* et la *Céramique*, et une grande page sereine, l'*Été*,
destinée à l'Hôtel de Ville de Paris.

Les personnages qui personnifient la Poterie et la Céramique, — des jeunes femmes en robes de couleurs pâles, tenant entre leurs mains douces et attentives un plat, un vase, fleuris d'arabesques, — des ouvriers robustes et graves occupés à remuer la terre et à chauffer le four, — pensent et agissent dans des jardinets étroits, dans des cours d'espace restreint, auprès de minces plates-bandes. De beaux ciels légers pavoisent de lumière ces entours de fabriques, ces tranquilles travaux, ces humbles personnages fixés dans la régularité de leur vie, dans leur grâce et dans leur force journalières, et devenus comme de pâles statues immuables du labeur humain.

Mais voici le panneau décoratif de l'*Été*, où il y a aussi des personnages, des femmes, des enfants qui se baignent, qui sortent de l'eau, qui se reposent du mouvement de la rivière dans la tiédeur de l'air. Une femme est debout, dans l'eau jusqu'aux hanches, une autre, en robe rose, remet sa chemise, une autre, debout, penchée, s'essuie les jambes, une autre, toute nue, est étendue sur l'herbe. Ce sont de grandes et fortes créatures, vite indiquées, sommairement modelées, surtout conçues en vue de l'ensemble, d'attitudes et de carnations en harmonie avec le paysage qui s'étage au-dessus d'elles, et célébrant l'été par la joie saine de leurs corps mouillés et de leurs placides visages.

Autant et davantage même que ces heureuses créatures, le paysage représente la beauté de la saison et de l'heure. La rivière bleue circule en large méandre à travers l'étendue, revient en courbe molle au premier plan où se dressent les femmes. Les bandes vertes de la prairie enserrent un champ de blé, éblouissant d'or. De longs et légers peupliers palpitent doucement, de toutes leurs feuilles, au bord de l'eau, dans la chaleur de l'air. Les feuilles jaunes d'un frêle bouleau semblent battre des ailes, comme des légers papillons couleur de soufre. Et voici, au sommet de cette belle pente cultivée, au milieu de ces champs, au delà des arbustes légers, sous le ciel profond et lumineux pénétré par l'ardeur du soleil, voici un centenaire et impénétrable massif d'arbres, sombre, chenu, opaque, dressé au centre de cette clarté, de cette fluidité de l'air. Toute l'ombre de la vallée est amassée là, — dans les interstices du feuillage qui sont comme des fentes, des crevasses de rochers, au ras du sol, — autour des troncs énormes, trapus, chargés de ramures basses.

Au loin, à droite, une forêt bleuit. Plus loin encore, à gauche, des collines pierreuses, d'un mauve pâle, enveloppées de la brume chaude du milieu du jour, brillent faiblement comme de très lointains cristaux. Çà et là, l'activité humaine apparait. Sur l'eau bleue un bateau passe, une femme assise à l'arrière, un homme debout à l'avant, jetant un filet. Une femme s'abrite avec un enfant à l'ombre de saules. Des travailleurs vont et viennent autour d'un chariot d'herbages. Tout cela disséminé, perdu dans la campagne, les personnages se confondant à demi avec les choses, les êtres vivants teintés des reflets roses et verts de la lumière et du sol. C'est la vie d'un

jour qui s'agite et qui défile autour de ce
formidable massif d'arbres, si ancien, d'apparence si farouche, si écrasante, si durable, qu'on pourrait le croire sans commencement et sans fin, immuable, éternel.

Il est beau de fixer ainsi le décor dans
lequel nous vivons, le décor dans lequel
nous promenons notre vain désir de bonheur, le songe mystérieux, sans explication
possible, de notre destinée. Les choses sont
expressives et parlantes, nous savons quels
liens nous unissent à tout ce qui nous entoure, nous savons que nous faisons partie
de cet univers qui déroule autour de nous
son mirage, et notre sympathie spirituelle,
et notre joie et notre mélancolie s'en vont
vers ces aspects de la matière qui existaient
avant nous, qui existeront après nous. C'est
la haute raison d'être d'une poésie éloquente
et attractive comme la poésie de cet *Été* de
Puvis de Chavannes. L'artiste a su faire
parler à notre esprit les nuées, les eaux, les
champs, les arbres, toute cette nature insen-

sible où nous nous réfugions comme auprès d'une complice et d'une confidente.

§ V. — EUGÈNE CARRIÈRE

Deux scènes familiales, — une figure expressive de femme, — quatre portraits, sont exposés par Eugène Carrière au Salon du Champ-de-Mars. — *Le Matin*, c'est l'éveil d'un enfant sur les genoux de sa mère. Au centre d'une chambre éclairée par une clarté douce, tendre, argentée comme une clarté d'aurore, le petit être commence la vie. Sa chair nouvelle, si molle, si impressionnable, respire et frémit dans la lumière du jour. Son visage ridé se ride davantage, s'effare et se contracte, ses yeux se ferment, ses mains fragiles grimacent aussi, se retournent dos à dos convulsivement. Il se débat dans l'éclat et la chaleur du rayon qui l'enveloppe et qui l'éblouit. Il apprend inconsciemment la vie et sa douceur blessante. Mais il est tenu dans des bras bienveillants, embrassé par une fillette qui avance son fin profil en une amoureuse et impatiente moue des lèvres. Il se débat entre des tendresses. — *La Timbale*, c'est une plus accentuée prise de possession des choses par l'enfant. Pâle et blond, de doux et rares cheveux d'or envolés autour du crâne frêle, les tempes nacrées veinées faiblement, les os des pommettes et du front devinés friables et légers comme les os d'une tête en formation, solidement tenu par les grandes mains de sa mère qui enveloppent tout son corps, il boit à longs traits le breuvage de la timbale. — *Rêverie*, c'est une tête, un buste et des mains de femme, un visage douloureux appuyé sur des mains lasses, un accord de tristesse farouche entre les yeux et la bouche, une pensée qui cherche le repos, une âme énergique qui voudrait se refuser à l'action. Carrière est aujourd'hui le peintre de ces faces expressives où les lentes réflexions, les creusements d'idées fixes, les luttes intérieures, apparaissent en contractions et en lueurs dans une atmosphère de silence.

Des quatre portraits, il en est un dont je ne puis rien dire, sinon qu'il me fait songer aux vers de Musset :

> Un étranger vêtu de noir
> Qui me ressemblait comme un frère.

Et j'ai hâte de signaler cette curieuse effigie de M. Armand Berton, dont la tête penchée en avant est significative au plus haut point de vie concentrée. Et voici Paul Verlaine, le poète des *Fêtes galantes* et de *Sagesse*, image significative par le front en dôme, la fente des yeux où transparaît un regard lointain, la barbe fauve, le masque ravagé. C'est une ébauche puissante, un portrait vite fait pendant quelques heures de conversation. Le peintre ne connaissait pas le poète et il a su garder à sa physionomie et à sa silhouette leur caractère de brusque apparition. Peut-être n'est-ce pas tout Verlaine, mais certainement c'est un Verlaine caractéristique, tel qu'il surgit dans l'atelier de Carrière, fatigué, éloquent, attendri, évoquant des souvenirs, commentant sa fine, souffrante et incertaine poésie,

où se livrent les combats des instincts et
de l'esprit.

Le portrait d'Alphonse Daudet a été compris par la même intelligence d'observateur,
mais plus longuement préparé et plus longuement exécuté. Ceux qui connaissent
Daudet y retrouvent l'ami qu'ils aiment
avec le grand esprit qu'ils admirent. L'artiste a marqué l'affection tendre dans ce
doux enlacement du père et de la fille, la
petite main de la fille dans la main du père,
les deux corps penchés dans le même mouvement de vague par une continuité de
lignes qui va de l'enfant à l'homme, de
l'ignorance à la connaissance, de l'être qui
balbutie la vie à celui qui sait la vie. C'est
de la poésie d'existence, et c'est une poésie
consciente et commentée par Daudet lui-
même, par son front d'intellectualité, par
son regard direct, par son visage de pensée
ferme et de sérénité songeuse.

La variété et la progression du talent
de Carrière se prouvent ainsi par cette
exposition, si différente de son exposition

de l'an dernier. Il n'a pas à se préoccuper
des imitateurs vulgaires ou adroits qui
tournent, sans pouvoir y pénétrer, autour
de ce monde d'art et de pensée où il est
maître. Il peut continuer son chemin sans
s'arrêter aux non-compréhensions des gens
du monde qui s'attroupent devant ses toiles
et des critiques qui se dispensent d'examen
et de réflexion avec les plaisanteries coutumières. Pour la technique savante de son
métier, pour la beauté souple des formes,
pour l'harmonie des tons atténués, elles
apparaissent et elles apparaîtront de plus
en plus, incontestables, à ceux qui regardent et qui aiment la peinture. Il me semble
inutile d'entreprendre des démonstrations
pour prouver la science de construction et
de modelé, la qualité de la lumière, la
transparence des ombres dans les tableaux
de Carrière. C'est un divinateur, c'est un
voyant, c'est un expressif, mais c'est aussi
un peintre, un peintre de fine et haute race.
Il suffit, pour s'en convaincre, de regarder
ces vêtements noirs et blancs de petite fille,
cette soie de cheveux blonds, cette timbale

d'argent, et ces mains, et ces visages où l'enveloppe est d'une si étonnante unité, où tous les passages de chair entre les organes sont écrits avec une si belle certitude, où les yeux, le nez, la bouche sont en accord si délicieux avec le menton, le front et les joues. Ces joues qui jouent un tel rôle dans les physionomies et dont la littérature parle si rarement, que la peinture esquive d'habitude, Carrière les connaît bien, il les arrondit et il les caresse comme les sculpteurs égyptiens, comme les primitifs italiens, comme Vinci et comme Prudhon.

Quand on est l'artiste d'un tel art, on peut rester solitaire, volontaire, patient, comme sont les forts. Si l'heure des banales popularités ne sonne pas pour Carrière, il s'en réjouira facilement et quelques-uns avec lui. L'heure de la joie au travail, de l'enivrement artiste devant la nature, devant les êtres et les choses, pourra, du moins, sonner souvent, et c'est cette heure-là qu'il est essentiel et doux d'entendre.

§ VI. — J.-F. RAFFAELLI

Désormais peintre-sculpteur, Raffaëlli expose au Salon du Champ-de-Mars six peintures et cinq bronzes. Ces derniers ont été placés en partie à la sculpture, en partie à la section des objets d'art. On ne saura jamais pourquoi ils ont été ainsi disséminés et je n'y vois d'autre raison que le désir d'accrocher des ornementations à la muraille du salon bleu du premier étage. Ce sont, en effet, des œuvres de même famille, des découpures en relief qui gardent toutes les qualités du dessin cursif et appuyé de l'artiste, et qui prennent un intérêt nouveau et une beauté nouvelle par la matière employée, un beau bronze doux au regard et souple au toucher, où la lumière achève de modeler les surfaces. Il y a là, — en plus d'un *Buste de vieux* exécuté d'après les lois habituelles de la statuaire, — le *Buste de Paysan*, la *Servante*, le *Rémouleur*, où l'on retrouvera quelques-uns des types sur lesquels Raffaëlli a mis sa marque, et une

15.

silhouette de femme nue, *Fleur de montagne*, de physionomie jeune, naïve et étrange, au corps énergiquement construit, avec de naissantes grâces charnelles. C'est une curieuse étude de nature, d'une allure vivante, à la fois fine et fruste, d'une spontanéité et d'une décision charmantes, gardées jusqu'à la fin d'un travail délicatement précis, scrupuleusement attentif.

Il n'y aurait donc pas de raison, sur la vue de ces résultats, de renvoyer Raffaëlli à la seule peinture de la banlieue. La manie d'aujourd'hui est de vouloir spécialiser, de force, les chercheurs qui ont en eux des aptitudes diverses. Cette manie-là était inconnue aux belles époques d'art. On admettait que le même homme s'ingéniât à manifester son action par des applications différentes de la force artistique qu'il portait en lui. On ne se récriait pas devant des peintures et des sculptures sorties des mêmes mains, on admettait qu'un tailleur de marbre fût aussi architecte, on ne trouvait pas que c'était déchoir pour un faiseur de statues s'il s'avisait de fournir le dessin d'un objet usuel, et s'il allait jusqu'à façonner lui-même cet objet utile et gracieux. On a, maintenant, changé tout cela, et catégorisé les individus. On a mieux fait, on a divisé et catégorisé l'art lui-même, et c'est un événement tout à fait imprévu que l'exposition, cette année, au Champ-de-Mars, d'œuvres artistiques qui ne sont ni des tableaux ni des statues, mais des meubles, des vases, des cruches, des plats, des assiettes.

Raffaëlli, sculpteur, est d'ailleurs resté peintre, et les paysages et le portrait qu'il expose le montrent en plein exercice de son observation, en pleine possession de ses moyens d'exprimer. Le portrait, c'est celui de M. William Dannat, un peintre américain assis au bord d'une table, dans son atelier, où apparaissent une toile commencée et des falbalas noirs et jaunes de costumes espagnols. Le corps en son attitude de repos, la physionomie aux regards aigus ont été fixés par un travail léger de couleur qui recouvre une construction de hachures, un jeu de pinceau et de crayon opiniâtre comme un modelé de pointe sèche. C'est un portrait vivace, nerveux, supérieurement griffé de main d'artiste.

Les banlieues, — *Autour de la carrière de sable, La Plaine, Les grands arbres, L'avenue d'Argenteuil, Le grand-père,* — sont très différentes des banlieues violentes d'il y a dix ans, des paysages inquiétants où erraient des révoltés. Ce sont d'autres coins et d'autres passants, et ce sont des visions vraies aussi, qui témoignent d'un esprit adouci et d'une période de mansuétude. Il est un de ces paysages où les humbles bâtisses, les pauvres terrains apparaissent vraiment touchants dans une atmosphère douce et bleue, légère et calmante. Les personnages entrevus, le grand-père en casquette qui promène une fillette au long des premières et timides verdures, les gens qui parcourent l'avenue dorée de soleil, marchent et respirent sous le ciel clément des matinées heureuses.

Dans ses récentes œuvres comme dans

les œuvres précédentes, dans ses sculptures comme dans ses peintures, Raffaëlli affirme sa vision particulière de l'humanité. Il a, dans l'art moderne, sa place bien à lui, de producteur d'êtres d'une espèce nettement définie et reconnaissable. Il a donné, par ses dessins et par ses peintures, des signalements certains d'individus qui vivent aux confins de la petite bourgeoisie, du commerce retiré à la campagne, aux environs de la zone ou dans les quartiers où la grande ville change d'aspect, et d'autres individus encore qui rôdent dans les mêmes parages avec des allures prudentes et des yeux inquiets de gibier chassé et chasseur. Des rentiers, des boutiquiers, des employés, des commerçants de hasard, des habitants de ruelles, et des errants de routes, ont été vus et étudiés par lui, dans leur milieu, avec un souci rare du caractère individuel.

Ils sont maintenant à demeure dans son œuvre, ils s'y montrent, étonnamment véridiques, conquis par le peintre qui a su les voir et les comprendre, qui les a regardés d'abord curieusement, puis avec une sym-

pathie humaine. Ils sont désormais familiers pour nos regards, commensaux de
notre esprit. Combien de fois, dans les rues
des régions où ils stationnent, où ils passent, ne les a-t-on pas vus, ne les a-t-on pas
reconnus à leurs yeux, à leurs mains, à leur
coiffure, à leur pantalon, à leurs souliers?
combien de fois celui qui connaît cette série de tableaux expressifs ne s'est-il pas
écrié, devant un bonhomme brusquement
surgi : « Un Raffaëlli! » Celui qui recueille
de tels témoignages est un artiste créateur
d'êtres, — et ces artistes-là ne courent pas
les rues, ni les Salons de peinture.

§ VII. — WHISTLER

En novembre dernier, allant de Calais à
Douvres, je vis tomber le soir sur la mer.
L'eau glauque très calme, sur laquelle glis-
sait régulièrement le long bateau, se con-
fondit peu à peu avec le ciel, déjà si bas,
si rapproché, aux derniers instants du jour,
et qui enfermait si hermétiquement le pay-

sage de sa circulaire cloison grise. La nuit désemprisonna les choses, rompit la rigide, l'inexorable ligne de démarcation. La fluidité de l'ombre envahit l'atmosphère hostile du crépuscule d'hiver, harmonisa dans l'espace obscurci la mer de froide émeraude et le ciel de cendre. Il n'y eut plus rien, autour du fanal scintillant à l'avant, qu'une étendue de ténèbres.

Soudain, à droite, se projeta un jet de lumière de phare, une tache jaune, ronde et scintillante comme un astre. Puis, un peu en arrière, une autre lumière, plus fine, puis une autre, et d'autres, et d'autres encore, qui apparaissaient lentement ou se déclaraient vite, à des places irrégulières, en une ligne brisée, en une perspective qui fuyait et se rapprochait. L'ensemble se révéla enfin, circonscrit de noirceur bleue. Ce fut un féerique jardin suspendu dans la nuit, entre l'eau et le ciel devinés, un jardin où s'épanouissaient des fleurs d'or, des fleurs de lumière, des fleurs de feu, vivantes, remuantes, qui semblaient par moments se voiler, clore leurs calices, disparaître sous des gazes, sombrer sous des lames, pour se ranimer ensuite et reparaître plus vives. Elles surgissaient, montaient, descendaient, selon le mouvement rythmé du bateau, s'élançaient vers la nue, se cachaient au ras de l'onde, brillaient comme des yeux ardents et curieux à l'horizon d'un rêve. Et ces fleurs frémissantes, et ces prunelles de flamme, auréolées dans l'air, reflétées par l'eau, perdues dans un infini, sillonnaient le lointain d'une illumination fantastique de points brillants, de poussière d'or et d'argent, et dessinaient au-dessus et en dehors du réel un décor de ville étrange, inexistante, où s'apercevaient les lignes pressenties de l'avancée d'une jetée, de la bordure d'un quai, de l'ascension d'une colline, d'un amas obscur de maisons, d'une flottille balancée au calme d'une rade. Il était bien impossible que la songerie d'un art ne vînt pas à la pensée, qu'un nom de magicien ne montât pas aux lèvres :

— Un Whistler !

Un Whistler, oui, c'était bien un Whist-

ler qui s'évoquait en ce lieu, à cette heure,
par ce Douvres allumé au sommet des flots,
au bas du ciel. L'œuvre de paysage du
peintre des *Nocturnes* se résumait là, en
partie, par cette courbe étincelante, par ces
entours immenses, profonds et sombres.
Pendant la course finale du paquebot vers
la côte, au bruit des derniers tours de roue,
devant les aspects grandissants et les lumières plus vives, je songeai à tant de no-
tations lucides et rêveuses, à tant d'expressives représentations des choses ensevelies
dans l'ombre et dans le silence, à tant de
poèmes de lumière éteinte signés du pres-
tigieux artiste James Mac Neil Whistler. Je
revis en pensée ces Nocturnes en bleu et
argent, en noir et or, en argent et noir, l'un
d'eux, surtout, chez Théodore Duret, le
plus hardi et le plus extraordinaire peut-
être. De l'eau, du ciel, et entre l'eau et le
ciel une irrégulière masse noire, morcelée
à la base par les avancées et les retraits de
la berge, découpée au sommet en opacités
et en légèretés aériennes. C'est tout, et c'est
suffisant pour la vision de l'œil et pour la

contemplation de l'esprit. Le spectacle se déploie en beauté harmonieuse, s'approfondit sans cesse devant la rêverie interrogative. Qu'y a-t-il là devant nous? Une ville, des arbres? des vivants habitent-ils derrière ce décor de silence? On finit par distinguer que cette masse est çà et là dorée de quelques lueurs imperceptibles, qu'il y a tout en haut, dans la cage de quelque vague tour, clocher ou beffroi, une pâle horloge éclairée, tremblante et presque indistincte veilleuse, qui dit dans la nuit une heure incertaine, et qu'il y a encore, au bas de la ville mystérieuse, au plus épais du noir, une courte flamme enfouie, derrière quelque vitre invisible! Mais tout cela conjecturé plutôt que vu, tout cela cerné, envahi, recouvert par la nuit. Le vers de Baudelaire revient en mémoire : « Entends, ma chère, entends la douce Nuit qui marche. » C'est la Nuit qui passe sur l'eau, qui englobe la ville, qui absorbe l'air, c'est elle qui domine ce paysage, qui lui donne cette couleur inclassée que l'on voit les yeux fermés, qui en fait l'apparence visible de l'Ombre, le portrait prodigieux de l'Obscurité.

Il est d'autres paysages de Whistler, des aquarelles, des peintures, des eaux-fortes du travail le plus rare (1), qui constituent des indications d'une justesse extrême, des preuves de sensations d'une autorité irréfutable. Il y a au Salon du Champ-de-Mars, cette année, une *Marine* (*harmonie en vert et opale*), une rade de Valparaiso où l'eau et le ciel sont en accord délicieux, où les vaisseaux légers célèbrent les longs voyages et les douces rentrées au port et les désirs de repartir.

Il y a eu exposées çà et là, à Paris et surtout à Londres, dans des salles judicieusement décorées par l'artiste, des séries dont les titres disent le souci de couleur qui hante le peintre. Ce sont des Notes, des Harmonies, des Symphonies, en vert, en

---

(1) Il faut lire, sur la technique de l'œuvre de Whistler, sur la description des combinaisons de coloris du peintre, des procédés de l'aquafortiste, le savant travail publié dans la revue *Les Lettres et les Arts*, par Théodore Duret, l'écrivain de ce livre bien nommé : *Critique d'avant-garde.*

rouge, en gris, en bleu et argent, en bleu et or, en argent et violet, en violet et rose, en rose et nacre, en capucine et rose, en mauve et argent, en opale, en noir et or, des Arrangements en noir. Il s'agit de notes prises sur la réalité, mais très simplifiées, les tons significatifs seulement gardés. C'est ainsi que sont représentés la Mer, la Hollande, Dieppe, Jersey, le Havre, Honfleur, Liverpool, le village de Wortley, Londres, le faubourg de Chelsea, Paris, et la Venise de rêve où l'art harmonieux et singulier de Whister élit parfois domicile, la ville où son pinceau et sa pointe creusent les ruelles, font trembler l'eau, glisser les barques. La virtuosité de toutes ces représentation est excessive, les surfaces des objets, les épidermes des choses sont exprimés avec un bonheur inouï. Il en est ainsi pour des rues, des devantures de boutiques, des prairies, des plages, des marchés, d'étonnantes maisons illuminées, reflétées dans l'eau, des paysages délimités avec un art égal à l'art des maîtres japonais. Les tableaux de ces

formats restreints mettent aussi en scène
des figurines précises, sveltes, délicates
comme des statuettes colorées de Tanagra.
Telles ces femmes en rouge, ces liseuses, et
certaine autre assise devant une cheminée
dans un intérieur vieil or. Et ceci me conduit aux grands portraits de Whistler, qui
se trouvèrent attestés dès ma première promenade à travers Londres, comme les paysages avaient été certifiés à l'approche de
Douvres, aux heures submergées du crépuscule vaincu par la nuit.

Ce jour-là, à Londres, après une tempête
de neige, l'atmosphère de brume fut particulièrement dense et somptueuse, une prise
de possession despotique de la rue, du sol,
des maisons, des monuments, par un brouillard enfouisseur des choses, large et haut,
énorme et rampant, tenant tout le ciel, em-
brassant toute la terre, roulant et s'étalant
avec lenteur, sans une déchirure. Dans cette
lourde atmosphère grise et blanche, erraient une clarté verdâtre, une dorure de
vermeil, une émanation longuement prolongée d'un pâle soleil invisible reculé dans

l'immensité. Quelles inoubliables silhouettes surgirent alors aux centres des places, aux angles des rues, dans les halos de lumière des boutiques, sous les flammes ouatées des becs de gaz! Ce fut un défilé sans fin, où les êtres étaient visibles pendant le temps d'un fugitif regard, où les longues formes noires surgissaient, se montraient, disparaissaient, étaient remplacées par d'autres, en croisaient d'autres, dans un va-et-vient de rue agitée, de silence de neige, de vie tragique.

Nombre de ces personnages vivent à jamais sur les toiles de Whistler, en avant de fonds sombres, dans des atmosphères concentrées. J'en retrouvai quelques-uns chez lui, à Chelsea, après l'accueil d'un geste cordial et d'une parole fine. Je les vis dans l'encombrement d'un atelier de travailleur, à la lueur d'une bougie. L'admirable femme exposée au Champ-de-Mars, la Femme vue de dos, qui détourne un dédaigneux profil, appartient à la famille de ces minces, élégantes, hautaines créatures, de ces vivantes silencieuses, aux mains blanches, aux visages secrets !

L'une porte une fleur au corsage, l'autre tient un feutre traversé d'une plume noire. Les fleurs, les cheveux blonds, les joues roses d'un extraordinaire modelé lisse, à plat, en dedans, sont vus comme à travers ces invisibles voilettes en tulle de soie où transparaissent les visages. Les formes sont enveloppées d'une atmosphère qui serait à la fois noire et claire, l'atmosphère de cette chambre profonde où le peintre voit ses modèles, médite ses imaginations amoureuses de nature résumée et de poésie rare. C'est dans ce jour voilé, c'est dans cette lumière qui semble une lumière ancienne, que se remémorent tant de hauts chefs-d'œuvre.

La Mère de l'artiste est assise, de profil, en robe noire, le visage pâle, pensif de souvenirs évoqués. — Lady Archibald Campbell marche vers l'ombre, boutonnant son gant d'un geste nerveux, baissant et retournant la tête en un mouvement de grâce indicible. — Théodore Duret est debout, droit, fin, le visage sagace,

évoquant une fête mondaine, un bal de
masques mystérieux, par son habit noir,
par ce domino rose à dentelle noire qu'il
porte au bras, par l'éventail rouge qu'il
tient de sa main gantée de blanc. — Le
violoniste Pablo de Sarasate sort, son
vibrant violon aux mains, de l'obscuriié
qui apparaît d'abord impénétrable, puis
qui se dévoile, qui révèle un vague mobilier à des plans de demi-teintes, qui
projette en avant le virtuose en une
atmosphère grise, l'habit noir décoloré, le
plastron recevant la lueur d'une lueur prochaine.

Miss Alexander, une fillette d'une douzaine d'années, est debout dans une
chambre. Les murs gris ont, par places,
de mortuaires revêtements de bois noir.
Le costume parcourt toute la gamme des
gris, atténués ou exaltés par des détails de
toilette : la bouffette des souliers, la plume
du chapeau, la gaze qui recouvre la jupe.
La chevelure blonde, brillante et légère
comme l'étalement d'une floche de soie,
est traversée par un ruban noir. Une

atmosphère de rêve douloureux se dégage,
la douceur ardente de cette jeune tête
rayonne dans cette atmosphère vert-de-
grisée et pour ainsi dire dédorée où il
semble que des rayons de soleil expirent
pendant que tremble une clarté naissante
de lune. — L'historien Carlyle est assis,
profilé sur un mur gris. Tout ici est disposé pour donner, par la couleur, la même
impression qu'une marche funèbre exé-
cutée en mineur. Les cadres fixés au mur,
la chaise de Carlyle, sont noirs, le chapeau
qu'il tient sur son genou, la redingote qui
se gonfle en jabot sur sa poitrine, le gant
qui recouvre une de ses mains, sont noirs.
Il y a de l'affaissement dans la ligne qui
dessine l'homme depuis la chevelure us-
qu'à la pointe des pieds. Le corps est en-
goncé dans de gros draps. Les jambes
croisées disparaissent en partie soux le faix
d'un pardessus. La tête est inclinée sur la
poitrine, une tête songeuse, écrasée sous
l'ombre qui tombe. Le nez, la bouche, la
mâchoire, affirment une nervosité excessive.
La barbe inculte, les cheveux longs, sont

gris. Les yeux sont à demi-clos, les traits
sont crispés, le visage est à la fois endormi
et vivant. Et la profonde originalité de l'artiste se révèle encore dans la qualité de l'air
qui enveloppe les personnages. Le jour
n'est pas, dans le portrait de Carlyle, d'un
jaune verdâtre comme dans le portrait de
Miss Alexander. Il est noir, à la fois bru-
meux comme les vapeurs qui s'élèvent de
la Tamise, et transparent comme des
voiles de crêpe flottant. C'est le jour des
hivers de Londres, le jour mourant qui
semble sans cesse près de céder à la nuit
qui menace.

Telles sont, ici indiquées, quelques-unes
de ces œuvres de si fine psychologie, de
vérité si fière, de si hautaine étrangeté.

§ VIII. — FIGURES ET PAYSAGES

Il ne faut pas quitter les salles de peinture sans une station devant l'ensemble
d'œuvres exposées par Ribot. Le peintre
expose dix toiles et dix dessins par lesquels

la qualité de sa vision et les recherches de son existence sont éloquemment résumées. Il évoque dans le noir l'ombre des vieilles femmes vêtues de noir, les mains osseuses, les profils décharnés. Ainsi dans la *Tireuse de cartes*, où se hérisse un étonnant chat blanc, ainsi dans le *Livre d'images*. Il sait aussi faire fleurir la jeunesse enfouie dans ces ombres opaques, il fait passer une caresse de lumière sur les joues roses, sur les cheveux de soie blonde et au profond des yeux couleur de bluets. Ainsi dans *Mignonne*, un doux et calme visage d'infante pauvre, ainsi dans *Avant l'église*, toutes ces physionomies colorées, marquées de la même sérénité, enveloppées du même silence. Et les mêmes personnages familiers se retrouvent encore dans ces beaux dessins, d'un modelé magistral : *la Leçon de tricot, la Couture, Méditation, la Lecture, La Femme aux lunettes, la Remmailleuse, les Pommes de terre, le Sommeil*. Et voici encore, dans un autre ordre d'idées, ces énergiques peintures de natures mortes, si réelles, le *Gigot de Pâques*, les *Œufs sur le plat*, et les scènes qui commencèrent la réputation de Ribot, les *Récureurs* et deux tableaux de *Cuisiniers*, l'un qui s'en va à la cave, muni de la clef, de la chandelle et de la bouteille, l'autre qui prépare des poissons. Ce sont là de belles toiles où l'ombre est transparente, où les costumes, d'un blanc verdâtre, apparaissent éclairés de lueurs singulières, où les marmitons errent dans les sous-sols comme des Pierrots lointains et falots.

Parmi les toiles qu'expose M. Alfred Stevens, l'*Album* et la *Dame jaune* sont surtout significatives. Un peu datées par le costume, elles gardent, et elles garderont sans doute, puisque maintenant l'expérience est faite, un charme persistant de peinture, un arôme de vie expressive et mélancolique. La femme de l'*Album* est au départ d'une rêverie hallucinée. Elle laisse tomber le livre et regarde droit devant elle, de ses yeux grands ouverts. Mais s'il y a exagération dans cette mimique de physionomie, on l'oublie vite pour goûter l'harmonie savante entre les chairs et le bleu du peignoir. La *Dame jaune* est une œuvre aussi aiguë et plus complète. Si les ombres sont un peu lourdes sur les épaules et sur les bras, le visage à l'abri de l'éventail est enveloppé d'une transparente atmosphère de clair-obscur où les yeux et la bouche expriment la vie au repos et la songerie lucide. Les gants chamois et la robe jaune, d'un jaune éclatant, d'un jaune de bouton-d'or, témoignent d'un coloriste énergique, précis et savant.

Voici maintenant des élégances d'aujourd'hui. J'ai déjà indiqué la fine silhouette de femme de M. Besnard qui traverse un paysage de soleil couchant : *Nuées du soir*. Du même artiste, il y a au Champ-de-Mars des portraits, de formes souples, dans des milieux habilement agencés, et des cartons pour vitraux, d'un dessin ample issu du dessin japonais. Les femmes nues de M. Roll, fondantes dans l'atmosphère du paysage environnant, sont d'une carnation légère et nacrée. M. Jacques Blanche prouve l'intelligence de son observation et la diver-

sité de son talent par de nombreux portraits :
de sa mère, Mme E. Blanche, de Mme Abel
Hermant, de M. Maurice Barrès, de
M. Henri de Regnier et de lui-même,
M. J. Blanche, en compagnie de M. de
Ochoa. Il faut ajouter à cette revue les noms
de Mlle Louise Breslau, de M. Desboutin,
de M. Anquetin, de M. René Ménard, qui
expose un harmonieux paysage édénique :
Adam et Ève, et un bon portrait de M. Rioux
de Maillou, de M. Louis Picard, peintre de
gracieuses femmes : *Mimosa*, *Ligéia*, et
une *Sphinge* aux yeux d'un bleu vert.

Parmi les étrangers, M. Josef Israëls,
M. de Uhde, M. Liebermann, M. Kuehl,
ne nous donnent pas cette année de nouveaux renseignements sur les milieux qu'ils
habitent et sur les impressions qu'ils reçoi-
vent. M. Liebermann et M. Kuehl paraissent surtout enclins à la manière, à la répé-
tition, à la rapide habileté technique. Un
seul étranger M. Léon Frédéric révèle un
talent nouveau par une vingtaine de dessins, des séries consacrées au *Blé* et au
Lin, des histoires de travaux des champs,

des fragments de paysages, des intérieurs
de chaumines, où passent et vivent des
hommes, des femmes, des enfants. Il connaît les attitudes de corps et les expressions
de visages des vieilles femmes ankylosées,
fatiguées par les dures besognes. Il sait les
mouvements instinctifs des enfants, les in-
terrogations de profils, les gestes ébauchés
par les mains frêles. Il y a aussi une science
du corps, une grandeur de dessin, dans la
Nuit de M. Ferdinand Hodler. Quelques
parties de cette grande composition ont une
précision de trompe-l'œil, mais il y a des
lignes souples et de vivantes surfaces, telle
la femme couchée au premier plan, et
une vraie science des attitudes cadavéri-
ques du sommeil et de l'agitation des cau-
chemars.

Parmi les paysagistes, qui ont été seulement signalés, il faut revenir vers M. Sisley, à ses paysages des environs de Moret,
des bords du Loing, où il rend visibles
la chaleur de l'atmosphère, le bleuis-
sement des verdures dans la lumière, la

force de végétation qui envahit les chemins d'herbe et les bords de rivières où croissent les roseaux et les lentilles d'eau. Il faut louer les marines de M. Boudin, peintes à Étretat, à Trouville, à Saint-Valery, au Crotoy, à Berck. Il y a aussi un goût de nature, une sensitivité éparse dans les toiles de MM. Cazin, Lebourg, Lépine. M. Ary Renan a rapporté d'Algérie des toiles de colorations précieuses. M. Émile Barau peint les villages et les rivières de Champagne avec une compréhension très locale du pays calcaire, des verdures maigres, des rues droites et sèches. M. Auguste Durst, dans ses paysages de *La Garde, près Toulon*, du *Mont-Coudon, près Toulon*, indique les harmonies de ce pays de lumière, et il sait rythmer le mouvement des vagues dans sa *Bourrasque* et dans son *Anse des Catalans*. M. Victor Binet est le peintre précis des plaines normandes, des étendues où il délimite les champs, où il plante les fins bouquets d'arbres, où il déploie de grands ciels au-dessus des collines bleues de l'horizon. Le *Pont des Arts* et la *Fon-*

taine du Châtelet le montrent en villégia-
ture à Paris, regrettant Saint-Aubin et
Quillebeuf, mais gardant sa conscience
d'artiste devant les ponts de fer et les maisons en pierre de taille. Les quatre panneaux décoratifs de M. Marchal sont des
paysages à diverses heures et à diverses saisons, tout baignés de lumière et tout odo-
rants de terre. L'artiste excelle à montrer
ces campagnes familières, à travers des premiers plans occupés par la végétation des
bords de routes et des lisières de champs,
des ronces, des orties, des chardons, des
herbes sèches, des tiges défleuries.

Il ne reste plus à signaler au Champ-
de-Mars, avant de passer à la sculpture et
aux objets d'art, que les dessins de Daniel
Vierge, de Serret, les gravures de Bracquemond, Desboutin, Guérard, Max Klinger,
les lithographies de Lauzet.

§ IX. — LA SCULPTURE

Le buste de M. Puvis de Chavannes est
la seule œuvre exposée par Rodin, mais

elle suffit à représenter le grand sculpteur
de ce temps dans sa manière d'observer et
d'exprimer le visage humain. Ici, comme
dans tous les bustes modelés par l'artiste, la
préoccupation de l'ensemble et de l'expression dominante s'affirme et triomphe. On
peut tourner autour de ce socle, regarder
l'œuvre de dix points de vue différents, toujours s'inscrira dans le champ de la vision
un profilement de lignes significatives, toujours l'attitude 'sera physiologiquement et
intellectuellement renseignante. C'est ainsi
que M. Puvis de Chavannes apparaît robuste et calme, fier et réservé, la mâchoire
et la nuque solides, le pli de l'attention entre les yeux, le regard fixe, le front bossué
et fuyant d'un mystique lyonnais. Pourquoi
faut-il que le modèle ait demandé à son
portraitiste tant de précision dans le costume et que Rodin, au dernier jour, ait dû
indiquer cette redingote, ce col droit, cette
rosette de Légion d'honneur ? C'est seulement l'évocation du poète du *Bois sacré* et
de l'*Eté* qui nous importait, et non celle du
grand artiste compliqué d'un chef de bu-

reau de l'art, président de société, faiseur de discours, fonctionnaire successeur de Miessonier.

La *Scène bachique*, de M. Dalou, est une fontaine classiquement conçue, où les formes en mouvement sont privées de couleur par l'égalité des reliefs. Mais la bacchante renversée est grassement modelée, et l'allure générale de la scène, savamment encerclée, pourra s'harmoniser, au fond d'une allée, avec un décor de verdure, une montée de plantes, un bruit d'eau. La *Léda*, de M. Jules Desbois, très grande de lignes, très ample de surfaces, en ses proportions restreintes, est d'une courbe harmonieuse, la tête basse, le dos arrondi, tout le torse incliné vers l'oiseau divin. Les mains molles, abandonnées, les paumes retournées, avouent l'accablement de la défaite et l'heureuse lassitude. On aimerait revoir, agrandie, cette œuvre qui fait honneur au sculpteur de la *Mort* de l'an dernier. M. Jean Baffier affirme la simplicité et la grâce de son talent, par cette statue à

mi-corps : *La Jeannette,* qui est bien une
des plus douces représentations de la paysanne qui soient dans l'art. C'est la précision nuancée, c'est l'observation de tous les
jours, sûre d'elle-même, tendre et familière, et c'est en même temps une silhouette
généralisée, celle de la fillette silencieuse,
vivant aux solitudes, sérieuse et attentive,
bouche close, yeux baissés.

M. Constantin Meunier continue ses étu-
tudes au pays noir de la mine. Son *Fau-
cheur* et ses statuettes de cette année, *Mineur, Le grisou, Abatteur,* sont marquées
de force fine et d'expression tragique.
M. Émile Bourdelle anime le marbre, le
fait vivre en souples arabesques dans ce
groupe d'une femme et d'un enfant aux visages rapprochés et rieurs. Il faut se souvenir aussi des médaillons et de la vasque
de M. Charpentier, des statues et des bustes
de M. Lenoir, et de la tête de jeune fille,
jolie d'expression, délicate de travail, de
Mme Besnard.

Dans la section des Objets d'art, heureusement ouverte à cette exposition, je con-

tinue à parler sculpture en écrivant ici le
nom de Carabin qui expose des meubles en
noyer : — une bibliothèque, où toute une
ornementation, les masques, la figure de
l'Ignorance, fait bien partie de la forme d'ensemble du meuble, mais dont le fronton est
surmonté de figures simplement surajou-
tées, — une table qui est un livre soutenu
par quatre femmes, — un siège, qui reproduit le même motif avec une variante heureuse, — un classeur de correspondance :
une figure de curieuse, les doigts pris dans
la bouche d'un masque, — une statue de la
Misère qui sera le départ d'une rampe d'escalier.

Et voici maintenant, un nouveau statuaire, M. Albert Bartholomé, qui révèle
une intelligence affinée et une haute compréhension de l'existence et de la disparition
de l'être. Il expose cinq sujets, statues et
groupes, qui font partie d'un monument fu-
néraire dont nous saurons quelque jour l'arrangement définitif. L'homme et la femme
sont couchés côte à côte sur la pierre du

sépulcre, leurs quatre mains réunies en une
étreinte de douceur et de fièvre. Un bras
de l'homme est un peu grêle, un peu court,
mais la beauté de la mélancolie est empreinte sur toutes ces formes longues, élégantes et mortes. Ce sont les torses que ne
soulèvera plus le rythme de la respiration,
les jambes qui ne marcheront plus, la chair
à jamais abolie. Ce beau groupe est dominé
par une femme nue, courbée, un genou en
terre en avant d'une pierre qu'elle semble
supporter et sur laquelle se lit cette inscrip-
tion : « Sur ceux qui habitaient le pays de
l'ombre de la mort une lumière resplendit. »
Celle-là est un peu une silhouette de gracieu-
seté admise, et son apparition, les bras éten-
dus, évoque une figure d'apothéose théâ-
trale. Pour tout le reste, il n'y a qu'à louer :
la fillette repliée sur elle-même, les membres rassemblés, dans une prostration irrémédiable, — la mère penchée en avant, la
tête cachée dans ses mains, laissant aller à
la renverse l'enfant mort tenu en ses bras,
— l'homme enveloppé d'un linceul, qui sort
à demi de la tombe, la bouche amère, le vi-

sage pleurant, regardant de ses yeux obscurcis le médaillon que tiennent fébrilement ses mains décharnées.

Ce qui apparaît surtout, c'est la manière singulière, émouvante et contenue, par laquelle l'artiste a opéré le mélange de vie et de mort, qui est le grand caractère de son œuvre. Il faut saluer en Bartholomé un noble esprit, un savant artiste, un sculpteur de la douleur.

XV

REFUSÉ AU SALON

23 juin 1891.

On a annoncé qu'un jeune peintre s'était suicidé parce qu'il avait eu un tableau refusé au Salon. C'est un fait-divers assez extraordinaire, mais qui réapparaît encore de temps à autre, aux saisons trop chargées de peinture.

Le public des amateurs et des promeneurs ne prend pas très au sérieux les fêtes annuelles du portrait et du genre, du nu et du paysage, de la ligne et de la couleur. La partie dite parisienne de ce public, celle qui trouve encore un charme aux premières représentations des vieux vaudevilles, ne croit au Salon que pendant la journée du vernissage. Ce jour-là, par exemple, il faut être au poste, à tout prix, il faut prendre son rang dans la cohue, défiler devant les toiles, reconnaître les gens au passage, déjeuner dans un restaurant tumultueux. Après, le Salon n'existe plus. C'est une journée, dans l'existence de Paris, et une journée sans lendemain. On pourra retourner dans les galeries de peinture, dans la nef de la sculpture, mais par désœuvrement, ou pour aller à un rendez-vous, mais le Palais de l'Industrie et le Champ-de-Mars ne tiendront plus de place dans les préoccupations des cervelles à la dernière mode. On ira peut-être encore au Salon, mais on n'en parlera plus.

Ensuite, c'est la foule tranquille, le défilé de ceux qui sortent de chez eux en quête d'une distraction, la procession des couples, des ménages, des hommes, des femmes, des époux, des épouses, des enfants, des habitants de tous les quartiers, des suburbains, des départementaux, des étrangers. Les uns sont des désœuvrés sceptiques, d'autres sont de la classe des croyants de la distraction, des gobeurs de l'anecdote. Ces derniers viennent là pour deviner des sujets de tableaux. Quand ils ont découvert ce que les personnages se disent, ils s'en vont enchantés, et ils en parlent encore le soir, au milieu de leur famille. Mais le plus grand nombre voit là une promenade indiquée, l'endroit où l'on peut se rendre à cette époque de l'année, où l'on est sûr de rencontrer la foule. Car les gens des villes ont définitivement horreur de la solitude. Ils projettent bien parfois d'aller visiter la campagne, ils parlent avec ravissement des bords de rivière, des allées de forêts, mais quand ils se décident à réaliser ces rêves de bonheur champêtre, ce qui leur arrive bien quatre fois l'an, ils s'en vont toujours par bandes et se dirigent vers des sites excessivement fréquentés. Ils s'enquièrent des villages en fête, et ils aiment à déjeuner sur l'herbe, aux bords de chemins et sur des pelouses où se trouvent réunis, par hasard, quelques centaines de groupes qui ont eu la même idée et qui retrouvent là, dans cette promiscuité et dans ce coude-à-coude, les pures joies des restaurants et des cafés du boulevard.

Il est certain, et il ne saurait en être autrement, que le public s'intéresse à la peinture de la même façon qu'il s'intéresse à la littérature et à la musique. On regarde un tableau, on lit un livre, on écoute un opéra, comme on s'en va aux courses, aux illuminations, au feu d'artifice. Le livre est ouvert lorsque la journée est vraiment vide, vraiment morne, lorsqu'on a épuisé toutes les recherches de délassement, lorsqu'il ne s'agit plus que de tuer les heures. La musique est un plaisir du soir, utile après le dîner comme une heure de marche ou un verre de chartreuse, selon les estomacs, en tous cas, et de l'aveu de tous, un fameux digestif. Pour les tableaux, ce sont des images qui sont accrochées à un mur, et qui ne peuvent pas ne pas y être, en mai et juin. C'est un décor devant lequel il faut passer. Et voilà que ceci me ramène au suicide de ce jeune peintre, et voilà que, subitement, les différences de compréhension apparaissent, et que les futilités deviennent graves. Ce qui n'est rien ou pas grand'-chose pour les uns, ce qui n'est, en tous cas, considéré par eux, d'un certain point de vue, que d'une manière à la fois récréative et indifférente, cela peut devenir tout pour d'autres. Ce banal Salon où la foule va errer, en traînant les pieds, devient subitement un champ de bataille où l'on ramasse des morts.

Certes, ce malheureux a pris au tragique un incident sans doute insignifiant par lui-même. Il n'était pas admis cette année à exposer sa toile, il aurait été admis l'année suivante et peut-être même aurait-il pu se résigner à vivre de longs jours en renonçant à la cimaise et aux mentions honorables, aux bourses de voyage et aux palmes

académiques. C'est là une observation où il
n'entre que de la pitié pour cette lamentable
victime, et qui s'adresse à ceux qui se lais-
seraient affoler demain par le même misé-
rable prétexte. C'est la preuve de cet affo-
lement qu'il faut retenir et qui doit faire
apporter quelque circonspection humaine
dans leurs jugements à ceux qui savent un
peu la vie, et qui ne se laissent pas piper
par les solennités parisiennes et par les mirages d'art. Oui, certes, le Salon est une
institution qu'on peut se refuser à considérer comme essentielle, et la badauderie de
la peinture peut apparaître extraordinairement niaise dans ses manifestations de tous
les jours. Oui, mais il n'y en a pas moins de
pauvres êtres qui vivent dans l'illusion de
cette peinture et de ce Salon, qui s'enfiè-
vrent à l'idée d'être reçus ou refusés par le
jury, qui croient être des artistes et qui veulent vivre, et faire vivre les leurs, de cet art
chimérique, tant poursuivi, si rarement ap-
proché. Leur déception est enfantine, oui,
et ils auraient mieux fait d'apprendre un
état, de vivre d'un métier ou d'un commerce,

et de ne donner à leur semblant d'art que
le surplus de leur vie. Mais il faut être déjà
un philosophe pour agir ainsi, et les philosophes sont rares. Le débutant refusé croit,
lui, qu'il lui arrive un malheur irréparable,
rentre chez lui, et s'asphyxie comme une
grisette abandonnée. L'existence ne s'apprend donc pas vite, et il en est, même, qui
ne l'apprennent jamais. Ce suicide du peintre inconnu ne vous fait-il pas songer à un
autre suicide, le suicide d'un illustre ? Qu'on
lise la biographie de Gros, du baron Gros,
le glorieux auteur de la *Peste de Jaffa* et
de la *Bataille d'Eylau*, qui se laissa aller
à s'enrégimenter de nouveau derrière David,
qui produisit alors des toiles neutres, des
œuvres hésitantes, qui fut ulcéré par l'abandon du public et par la raillerie des journaux, et qui s'en alla se noyer à Meudon,
à l'âge de soixante-quatre ans !

XVI

ILLUSIONS ET RECHERCHES D'ART

22 avril 1890.

A propos d'une exposition comme celle des Indépendants, ouverte au pavillon de la Ville de Paris, comme à propos de toutes les manifestations de ce genre, on pourrait écrire des volumes en prenant les choses exposées comme point de départ, en remontant aux états d'esprit, en reconstituant les milieux d'éclosion.

Là, aux Indépendants, où tout le monde est reçu moyennant une cotisation, où tout le monde a droit à une place, et probablement à un morceau de cimaise, c'est une lamentable et touchante plèbe artistique qui envahit les salles. Ambitions irréfléchies, vocations ratées, illusions maladives, ce sont les confidences que déclament et pleurent les étonnants peinturlurages. Portraits,

paysages, natures mortes, scènes historiques, ce sont les toiles qu'on aperçoit chez
les encadreurs de faubourgs et dans les
amas de marchands de ferrailles. Personnages à petits bras et à grosses têtes, redin-
gotes au cirage, sujets coloriés inventés à
la suite d'égarements de lectures, romances
en action inspirées par la poésie des cafés-
concerts, forêts, champs et marines qui
semblent peints à l'eau de vaisselle, ce sont
toutes les aberrations de ceux qui passent
dans la vie sans rien voir et qui se croient
néanmoins soulevés par le flot de l'inspiration intérieure. La critique de ces prétentions et de ces aveux n'a pas à être entre-
prise en citant les toiles exposées et les
noms de leurs auteurs.

Plutôt que d'essayer un triage, il vaut
mieux passer outre après avoir reconnu
chez le grand nombre les symptômes du
mal singulier et probablement inguérissable.
Pour avoir été menés au Louvre, un dimanche, quand ils étaient petits enfants,
pour avoir reçu en livre de distribution de

prix une Vie des Peintres célèbres, pour avoir fréquenté le Salon et s'être exalté devant les Hors concours, ils ont délaissé des occupations où ils auraient pu trouver l'emploi de leurs naturelles facultés à défaut du placement de leur idéal. Ils auraient pu être des employés ponctuels, des commerçants avisés, d'opiniâtres cultivateurs. Là, dans cet au jour le jour de l'existence courageusement accepté, ils auraient pu, qui sait? se faire à la longue une conception résignée et délicate de l'ordre des choses et découvrir un motif de penser et un charme d'habitude dans la monotonie des travaux accomplis. Ils auraient pu également, s'ils avaient eu quelque sensitivité, garder pour eux, jalousement, leur secrète attirance vers l'art, leur manie de réalisation. Ils auraient consacré à leur humble chimère le temps que la vie exigeante aurait concédé à leur repos, ils se seraient enfouis dans la solitude des dimanches pour tenter de diminuer le tourment de produire qui était en eux.

Il en est qui ont ainsi réparti les nécessités et les inquiétudes de leur destinée, et l'on doit de beaux livres à cette acceptation de la vie régulière. L'homme, certes, est épris de changement, il désire sans cesse autre chose, il voudrait perpétuellement être ailleurs, et cette impatience qu'il éprouve en face de la besogne forcée, il la trompe comme il peut, il la promène et il l'occupe. Des casaniers s'enferment pour dessiner, sculpter des morceaux de bois, chercher des rimes, jouer de la flûte. Des remuants s'en vont par les campagnes de banlieues pour marcher, pour respirer, pour voir des feuilles et de l'eau. Certains liront, liront sans cesse, jusqu'à la fatigue des yeux et jusqu'à la congestion du cerveau, et pour ceux-là, la lecture sera le déplacement et le voyage, la fuite incessante à travers le temps et à travers l'espace. Des instincts de violence et de guerre se satisferont dans la chasse, un goût de ruse silencieuse et de patience sans fin trouvera son emploi dans les stations prolongées de la pêche à la ligne, au bord des rivières. La grande masse humaine cherchera le plaisir,

sous toutes ses formes matérielles, depuis
sa plus brutale manifestation de sensualité
jusqu'à ses diplomaties amoureuses. Le jeu
sera despotique. Les boissons, les tabacs et
les opiums donneront de l'excitation et de
l'oubli. Quelques-uns seulement, parmi les
civilisés d'aujourd'hui, ayant mesuré le
passé et jaugé la vie, se déclareront convaincus qu'il faut se contenter de ce qu'a-
mène le sort et qu'il est imprudent d'agir
pour quitter le médiocre et acquérir le
mieux. Ce serait, il est vrai, beaucoup demander, non seulement aux illusionnés,
mais même à ceux qui agissent sans pour
cela croire à l'importance de leur action,
poussés par la seule force vitale diffici-
lement réductible. Ceux-là trouvent leur
seule joie dans une organisation voulue de
leurs heures, ils satisfont le besoin de s'exprimer qui est en eux, ou ils le dissolvent
dans une exaltation d'imagination, une rêverie d'esprit, une fumée de cigarettes.

Pour ceux qui ont essayé à travers leur
travail, au jour du repos hebdomadaire, de

fixer pour eux-mêmes les bégaiements ou les curiosités de leurs impressions, ils gâtent la sincérité de leur sensation, et ils s'affirment inférieurs lorsqu'ils essayent la propagande de leur impuissance et qu'ils affichent leur ambition de conquérir la célébrité de leur vivant et la lointaine gloire future. C'est le cas de la plupart de ceux qui exposent au Pavillon de la Ville de Paris, si proche le Palais de l'Industrie, qu'ils semblent encore affirmer leur désir de ce Salon à jury et à récompenses où ils n'ont pu pénétrer, faute de place. Les mentions, les médailles, les exemptions les ont tentés, comme les autres, et ce n'est, pour beaucoup, qu'à la suite de tentatives obstinées et d'échecs répétés, qu'ils se sont résignés à arborer le drapeau de la révolte et à proclamer l'indépendance de l'art.

C'est assez insister en ce qui concerne la cocasserie des effigies et la plainte que fait entendre une telle exhibition morale. L'injustice serait de ne pas signaler les tableaux en ombres colorées de Mme Berria-Blanc et les éléphants dessinés par M. Lemmen. Si plusieurs sont oubliés qui n'auraient pas dû l'être, qu'ils n'en accusent que leurs décourageants compagnons.

Ces réflexions, dont l'application est trop générale et qui, il faut le répéter, ne sont pas bornées à cette seule réunion, devraient maintenant se compliquer d'esthétique, lorsque le visiteur passe dans la salle séparée où se sont réunis quelques-uns des Indépendants qui font bande à part, les adeptes du pointillé, les chercheurs de lumières inédites. Il en est là, comme Seurat, qui a inventé le procédé, qui sont des ardents à cette recherche, des convaincus évolutionnistes. Chez eux, le talent est individuel et se serait montré sous n'importe quelle forme choisie. Il est des aspects que la méthode employée exprime avec délicatesse, des calmes d'eaux et de ciels, des verdures de prairies, des douceurs de lumières, telles les marines de Seurat, de Signac, des meules d'Angrand, des champs de Lucien Pissarro. Le *Chahut* de Seurat est plus incertain comme résultat, malgré la visible volonté du dessin caricatural et expressif et du fané de tapisserie de l'ensemble. Bientôt aussi, en dehors de quelques-uns, la personnalité va manquer, et l'obsédant procédé, trop marqué, blessera inexorablement le regard le plus attentif, le plus disposé à l'examen. Voici que les imitateurs accourent, que les étrangers se livrent à des contrefaçons mécaniques, que la chapelle est envahie. Un Belge, M. Théo Van Rysselberghe, s'exerce même avec une virtuosité évidente dans les étoffes de deux grands portraits, où les têtes, par contre, d'un pointillé timide, à peine apparent, semblent d'un autre peintre et adroitement rapportées. Trois autres artistes, acceptés ici, ne se réclament pas, pourtant, de la règle admise : l'impressionniste Guillaumin, avec de beaux paysages éclatants, Toulouse-Lautrec, avec un bal du Moulin-Rouge d'une sarcastique vision, et Vincent Van-Gogh, qui sculpte ses paysages en même temps qu'il les peint, et qui réalise des reliefs montagneux, d'osées perspectives, des juxtapositions de modelés, des flammes colorées véritablement imprévues, rutilantes et belles.

XVII

LES INDÉPENDANTS

10 avril 1891.

Au pavillon de la Ville de Paris, la dernière salle, où se réunissaient annuellement les néo-impressionnistes, est en deuil. Dubois-Pillet, un des fondateurs de la Société, est mort il y a quelques mois, et on a réuni ses œuvres aussi complètement que possible. Vincent Van Gogh est mort, lui aussi. Et depuis l'ouverture de la présente exposition, un autre artiste, jeune et chercheur, Georges Seurat, a disparu : on l'enterrait la semaine dernière, et les regrets furent vifs autour de ce mort de trente-et-un ans. Seurat fut le promoteur de cette nouvelle division des tons, de ce pointillé qui suscita tant de discussions entre artistes, tant de polémiques dans les journaux. Qu'une telle technique revêtît quelque monotonie, produisît çà et là des applications pénibles, peu importe. Seurat, dans certains paysages de Gravelines exposés aujourd'hui, n'en fut pas moins un peintre très distingué, épris de lignes amples et d'une atmosphère délicatement pàle. Ses recherches de lignes droites, obliques, relevées, abaissées, par lesquelles il voulait exprimer les sensations d'ensemble n'avaient pas encore donné les résultats qu'il en attendait. Son *Chahut* de l'an dernier était singulièrement inerte, et la joie violente du mouvement n'était pas la dominante de cette grande toile. Dans le *Cirque* de cette année, quelques personnages me paraissent discutables, mais il y a un joli sens de la caricature dans les aspects des assistants, et l'écuyère qui arrive, debout sur le cheval blanc, penchée et tournante, est excessivement aérienne et gracieuse. Il y avait évidemment en Seurat une science et une volonté, et il serait sorti, de ses expériences de laboratoire et de ses combinaisons géométriques, un artiste particulier qui apparaît déjà dans son œuvre sitôt close.

D'autres, qui ont commencé avec Seurat, et d'autres qui sont venus après lui, exposent des tableaux où les tons sont également divisés. Chez les uns, on croit apercevoir une foi et une ardeur, chez les autres, une habileté, chez d'autres, de l'ennui. L'inconvénient apparaît souvent, c'est une analyse menue des phénomènes lumineux, un morcellement infinitésimal de la couleur, une absence de synthèse et de hautes généralités, M. Charles Angrand, lui, irait volontiers, par l'*Atre* et le *Chien de berger*, vers des impressions d'ensemble. M. Van Rysselberghe est surtout adroit, il a un sens des dispositions élégantes et de la gaîté des robes claires dans un jardin. Les lignes de rivières et de bords de mer de M. Paul Signac ont des longueurs et des courbes grandes et souples, mais on voudrait des eaux plus denses et des horizons plus lointains, et mon goût d'explication reste court devant le tableau ainsi étiqueté : « Sur l'émail d'un fond rythmique de mesures et d'angles, de tons et de demi-teintes, portrait de M. Félix Fénéon en 1890 ». M. Maximilien Luce cherche à travers les paysages des sensations d'énergie, c'est un violent harmoniste épris des rudes apparences. Il expose une *Vue de Montmartre* où s'exhale l'atmosphère des faubourgs, des étendues de toits pauvres, des fabriques actives. M. Lucien Pissarro n'a pas envoyé de peintures, mais des gravures sur bois, d'un beau résumé de dessin.

Il est d'autres exposants, dans cette salle, qui ne se réclament pas de la doctrine du mélange optique. M. de Toulouse-Lautrec représente avec une volonté gouailleuse des milieux équivoques, de couleurs salies, où surgissent d'affreuses créatures, des larves de vice et de misère. M. Willumsen fait drôlement gambader les passants. Il y a là une tendance à la déformation, à la caricature, qui existe aussi chez M. Louis Anquetin, très varié ou très incertain : il réunit de lamentables femmes, des paysages très différents, un Pont des Saints-Pères japonais, un beau décor d'opéra, un doux torse de jeune fille. M. Léo Gausson fait rutiler certaines parties de l'*Orage* et du *Soleil couchant*, comme des fragments de paysages vus à travers des morceaux de vitraux. M. Armand Guillaumin installe des *Vaches au repos* dans un paysage de verdure somptueuses. M. Henri Cuvillier exprime, en des peintures voilées, çà et là trop construites comme des Monet, les espaces de brume chaude de la nature méridionale. Et voici M. Pierre Bonnard, avec l'*Après-midi au jardin*, quatre panneaux décoratifs, et un portrait aux yeux fins, qui réalise sommairement les expressions et les effets.

M. Maurice Denis, dont le nom apparaît pour la première fois dans les expositions, est un artiste épris de synthèse, dont on peut attendre des œuvres charmantes et subtiles. C'est un archaïque dans la série qu'il nous montre aujourd'hui, il s'est enfermé dans un béguinage de peinture visité par les délicieux rayons de soleil couchant. Il regarde, dans le silence, les sœurs aux coiffes bleuâtres qui passent dans le braisillement des lumières, auprès de la Vierge en or, — il célèbre avec dévotion le *Mystère catholique* où le diacre s'avance vers la sainte, précédé de deux enfants de chœurs, dans la chambre ouverte sur le coteau fleuri d'arbres roses. C'est un poète qui se plaît aux glissements de pas, aux gestes lents, aux corps ployés comme des lis, aux flottements d'encens. C'est en même temps un observateur de la vie cléricale, il sait les regards brefs cachés aux bords des paupières, les crânes pointus, les mains molles. Il connaît les soirs des dimanches, les femmes en promenade aux bords des canaux, dans le violet du soir, sous les ciels roux et verts. Il dessine avec d'exquises harmonies de lignes les illustrations pour *Sagesse* de Verlaine. Il n'y fait pas apparaître le sens d'aujourd'hui, il en marque surtout le côté ancien, la poésie de moyen-âge — mais dans le *Motif romanesque*, il est moderne avec infiniment de douceur, et la femme qu'il montre en promenade, cueillant des fleurs par les taillis

dépouillés, est une frêle, charmante et vivante apparition.

XVIII

PASTELLISTES ET PEINTRES-GRAVEURS

28 avril 1891.

Les pastellistes sont luxueusement logés
dans la galerie Georges Petit, et leur art est
en accord avec les tentures et l'ameublement. C'est un art riche, très pelucheux, ou
tout semble revêtu d'étoffes à la mode, choisies chez les tapissiers les plus réputés,
tout, les vêtements des portraits, cela va
sans dire, mais aussi les terres et les ciels
des paysages. Les personnages élégants représentés sans profondeur et sans malice
d'observation habitent tous des champs, des
vallons, des jardins, des bords de rivières,
des océans infiniment distingués. Il y a une
grande ressemblance entre ces scènes en-
cadrées. Les auteurs ont obéi aux mêmes

préoccupations, connaissent les mêmes gens,
sont du même monde, et l'on a vraiment,
à parcourir cette jolie galerie de la rue de
Sèze, la sensation d'avoir été invité à un five
o'clock artistique.

Il est pourtant quelques invités à remarquer dans cette foule. M. Besnard continue
ses études de colorations de chairs de femme,
il montre des épaules et des chevelures de
rousses, des profils et des nuques teintées
par des atmosphères violemment colorées.
Les pastels de MM. Dagnan et Boldini
sont d'une adresse qui essaie de frôler le
sentiment et le caractère. Les portraits de
M. Jacques Blanche réalisent des expressions alanguies et fines, des sveltesses de
corps et des souplesses de vêtements. Et
voici Chéret dont la gaîté passe sur les
murs en fusées, en rayons lunaires, en
dégringolades de femmes, de polichinelles
et de pierrots, en expressions entrevues de
bouches entr'ouvertes et d'yeux qui rient.
Et voici Forain avec un beau dialogue entre
un garçon de café, gras et important comme
un financier, et une fille hâve et macabre.

Les peintres-graveurs habitent chez Durand-Ruel, avec Bracquemond à leur tête. Le maître graveur, à qui l'on doit déjà tant de belles interprétations de la nature, a envoyé des études d'oiseaux, de fougères, des croquis pris dans un atelier de couturières, et un *Janot lapin* digne d'illustrer La Fontaine. C'est la même lucidité et la même rêverie que dans les vers du fabuliste, parfumés de thym et mouillés de rosée. Le lapin est pendu par une patte, et le duveteux de son pelage, la construction et la lourdeur de sa tête sont merveilleusement exprimés. Au loin, comme dans un rêve, d'autres lapins, vivants, heureux dans la clarté de l'aurore, s'ébattent dans une tendre et lumineuse clairière.

De très beaux portraits de Desboutin, des dessins avec légendes de Forain, des eaux-fortes à la manière noire, une pointe sèche, des gravures sur bois, des gravures en couleurs, tout cela très varié et très curieux, de Henri Guérard, des cadres de MM. Besnard, Chéret, Buhot, Lepère, Lunois, Louis Morin, P. Renouard, Vignon, Storm de

Gravesande, Zorn, Henri Rivière, uue série de lithographies et de dessins fantastiques d'Odilon Redon, de superbes dessins marqués de la griffe de Rodin... Et puis, et puis, beaucoup de choses qui se ressemblent, beaucoup d'habiletés semblables, beaucoup de virtuosités matérielles, très monotones.

Au milieu de tout cela, un rayonnement subit, une tête ardente, le profil levé, la paupière close, les cheveux légers envolés sur les tempes, — une indicible expression passionnée, — une main d'une fine élégance, d'une sèche nervosité, qui vient s'appuyer au visage en un contact de fièvre, — un art merveilleux mis au service de l'expression, une sobriété de moyens qui stupéfie, un rapide dessin au pinceau, un modelé d'une infinie douceur, une extraordinaire concentration de clarté sur cette face tendre et fière qui pâlit et resplendit dans une lumière d'or. C'est une tête de femme avec la signature d'Eugène Carrière.

A l'écart, dans deux petites salles, ce sont

les expositions de Camille Pissarro et de Mlle Mary Cassatt.

Mlle Cassatt aura eu ce bonheur, gagné par infiniment de volonté et de patience, de retrouver, par la pointe sèche, l'aquatinte, l'impression en couleurs, des effets de simplicité et d'harmonie des colorations japonaises. Il est évident, et l'artiste le sait bien, qu'il y a ici des ressemblances avec les œuvres de là-bas, avec celles d'Outamaro, surtout. Mais il y a aussi une nouveauté de vision, une adaptation de ces procédés à des spectacles modernes. Il en est ainsi pour la *Lampe*, pour la *Jeune femme essayant une robe*. Auprès de ces dix planches, d'un ensemble précis et doux à la fois, Mlle Cassatt expose, comme peintre et pastelliste, quatre œuvres, des portraits de femmes et d'enfants, d'une observation nette, d'une belle science de mouvements. Elle a vu exactement, dans des jardins très clairs, des babys roses, joueurs ou renfrognés, essayant des gestes, et elle a bien vu aussi des femmes aux visages tachés de rousseurs, des fronts durs de rurales, des vi-

sages nets, sérieux, impassibles, de bonnes
d'enfants villageoises, de gouvernantes alle-
mandes correctes.

Camille Pissarro a réuni vingt-six de ses
dernières œuvres, des eaux-fortes, des gouaches, des dessins, des aquarelles, des pastels, des éventails. Il excelle à exprimer les
mouvements des foules dans les marchés,
les occupations des paysannes dans les
champs. Il fait tenir sur un éventail de vastes
espaces d'eaux et de ciels, des lointains de
brume dorée, des disparitions de soleils
d'hiver. C'est un des grands artistes du
paysage et de la vie rurale. Quelques-uns le
savent et le disent, mais il ne faut pas se
lasser de le redire et de rendre l'hommage
artistique qu'il mérite à ce maître délicat,
dont l'œuvre de nature est pénétrée d'une
si tendre et si éclatante lumière.

XIX

MODES DE PARIS

4 avril 1890.

Paris est tous les ans, pendant quatre mois, la ville peinte. Il se prête avec une bonne grâce parfaite, qu'il ne montre pas souvent pour la littérature et pour la musique, aux entreprises de ceux qui dégorgent des tubes sur des palettes, qui délayent des petits pains de couleur dans des godets, qui écrasent des poussières de pastels sur des cartons, qui grattent le cuivre. Il ne faudrait pas en conclure que tous les ans, à époque périodique, un subit engouement s'affirme pour l'art, et qu'une compréhension particulière s'exerce devant les toiles depuis le premier jour de mars jusqu'au dernier jour de juin. Non, il s'agit d'un rite spécial de l'existence parisienne, d'une occupation prévue par la mode et à laquelle nul ne songe à se soustraire. C'est réglé comme la réouverture des théâtres en septembre, comme les premières représentations de l'hiver, comme les visites du mois de janvier, comme la saison au bord de la mer mitigée de casinos.

C'est ainsi que s'expliquent à peu près, sans qu'il soit guère besoin d'y insister autrement, les expositions particulières ouvertes çà et là, rue Volney, rue Boissy-d'Anglas, rue de Sèze. Les amateurs, en grand nombre, ont cherché des satisfactions intimes, se sont récréés aux rencontres et aux salutations amicales. Des seigneurs de l'avenue de Villiers ont quitté leurs châteaux à poternes et à machicoulis, et se sont débonnairement mêlés aux gens du monde, tellement mêlés qu'il est presque impossible de s'y reconnaître sans catalogue. Ces prétentions et ces commerces n'ont pas à être encouragés ici. D'autant que la publicité a été suffisante. Tel critique d'art omnipotent, qui ne parle ja-

mais des grands artistes isolés d'aujour-
d'hui, ne se fait pas faute, ordinairement,
de célébrer les toiles d'exportation de Ma-
chin et les bouts d'aquarelles de Chose.
Pourquoi ajouter à ces réclames insérées
en si extraordinaire abondance?

Rue Volney, la critique de bonne volonté
n'a pu trouver à citer que des fusains d'Allongé! — Rue Boissy-d'Anglas, la *Famille*,
de M. Besnard, une réunion d'enfants très
divers d'expressions et de colorations, deux
paysages nocturnes de M. Cazin, des portraits de MM. Elie Delaunay et Jacques
Blanche, sont les seules œuvres, sur les
deux cents exposées, qui donnent aux yeux
une sensation d'art. Le reste, c'est le tableau de fleurs durement découpées, c'est
le paysage photographique, c'est le banal
portrait, c'est la puérile scène de guerre. Il
suffit d'avoir constaté le *Printemps*, de
M. Gérôme : une lionne dans les fleurs,
étendue, les pattes écartées, comme une
descente de lit. — Les aquarellistes de la
rue de Sèze ont plus d'habileté, un savoir-
faire égal en toutes choses, un soin dans le

fini qui donne à tout ce qui est exposé une physionomie semblable d'articles de Paris montrés dans un magasin luxueux. M. Besnard se retrouve ici avec des fantaisies d'une couleur un peu égarée. Ses femmes nues, l'une à queue de paon, l'autre conduisant une bande de paons blancs, sont revêtues de tendres et roses clartés, mais leur anatomie s'effondre dans les étincellements qui les entourent. En revanche, les paons blancs qui suivent leur conductrice sont jolis, ils ont, dans la lumière qui flotte autour de leur plumage, de fins et prolongés mouvements d'oiseaux-reptiles. Il y a aussi rue de Sèze des grisailles vertes d'Harpignies, des sentiers d'ombre, des branchages cendreux sur le ciel. Mais les rassemblements de la foule sont devant une charge des cuirassiers de Detaille, où l'on peut compter les boutons, les poils des moustaches et des crinières, une galopade rigide à laquelle on a crié : Fixe! une charge de cavalerie empaillée!

Les pastels succèdent aux aquarelles. Un parisianisme spécial triomphe dans les effigies exposées. L'inquiétude de l'œuvre de Manet compliquée par des ambitions d'élégance anglaise, ce sont les influences qui peuvent être signalées dans les portraits de MM. Jacques Blanche, Helleu, Besnard. Une parenté avec certains décors et certaines préoccupations des romans de Bourget est visible dans ces silhouettes mondaines qui sont de la même famille artistique. Et encore, d'habiles travaux de MM. Doucet, Dagnan, Eliot, Lewis-Brown, des mondanités de M. Tissot, des sous-mondanités de Mme Lemaire. Au dernier degré se tient M. Dubufe. Heureusement qu'en descendant l'escalier on retrouve au mur du vestibule quelques pages suffisamment ironiques signées de Jean-Louis Forain. Le cruel manieur de crayon ne s'attendait pas à jouer ce rôle de consolateur.

On va là pour rencontrer des amis, pour causer, pour s'asseoir, pour manier les faces-à-main. La mode y est. Elle n'est pas encore à l'exposition des femmes-artistes qui ressemble à une exposition d'horticulture. Intéressante et curieuse manifestation que celle-là, où l'on peut voir s'épanouir, auprès de désirs délicats, une extraordinaire poésie convenue, un goût d'imitation poussé à l'excès. La vérité, c'est que l'artiste, femme ou homme, est une exception, et que les formations et les associations de groupes n'y feront rien. Voici une autre exposition, celle des peintres-graveurs, chez Durand-Ruel, où l'on rencontre deux femmes artistes, et d'une rare distinction. Mlle Mary Cassatt, avec d'exquises pointes-sèches, Mme Marie Bracquemond, avec ses portraits de femmes gravés à l'eau-forte en traits d'une suprême élégance, et quatre peintures, où les figures et les paysages sont évoqués en fins modelés, en lumineuses apparitions. Là sont aussi exposés des gravures de Desboutin, Seymour-Haden, Bracquemond, Legros, Guérard, des pastels de Chéret, des lithographies de Fantin-Latour, des dessins d'Odilon Redon, des peintures de Henri Rivière, Luce, Vignon, Sisley. — Camille et Lucien Pissarro, le père et le fils, ont une double et belle manifestation artistique. Lucien Pissarro sait indiquer, en ses eaux-fortes, en ses bois, en ses dessins, l'allure particulière des figures, paysannes aux champs, habitués de cafés, ruraux, provinciaux. Il y a une saveur d'archaïsme dans ces précises et hardies silhouettes qui témoignent d'un observateur des mœurs d'aujourd'hui. Camille Pissarro est un maitre dans la représentation du paysage et du paysan. Il le prouve par cette magnifique série d'une douzaine d'eauxfortes, où il a, par des recherches patientes, par des procédés nouveaux, exprimé de si divers aspects des choses : bâtiments de fermes, vétustés de masures, silhouettes de petites villes, prairies, jardins, ruisseaux. Le trait sommaire et délié dans lequel il sait enclore ses figures gravées, le révélera dessinateur à ceux qui ne veulent pas voir la justesse et la solidité des figures de ses peintures, sous les variables effets atmosphériques qui les colorent. Quelle décision impeccable dans ce geste de la paysanne bêchant, de cette autre portant des seaux, de la femme retournant une brouette, à bout

de bras, les deux poings solidement rivés
aux brancards.

XX

HORS DE L'ÉCOLE

13 janvier 1891.

Cette École dont il s'agit, c'est l'École des
Beaux-Arts. Quelques-uns des élèves, qui
avaient promis la fréquentation assidue des
cours, le respect du professeur, l'adoration
perpétuelle tournée vers la villa romaine,
quelques-uns, l'autre jour, ont passé devant
la porte, sont partis au hasard, lassés de
l'apprentissage, désireux de marcher en liberté, de se dégourdir les doigts, de changer
l'orientation de leur cervelle. Ce n'est pas
seulement dans l'échauffourée de l'atelier
Bonnat et dans l'arrêté qui a suivi, suspen-
dant les cours pour trois mois, qu'il faut

chercher le motif d'une telle évasion. Il n'y a, parmi les dissidents, que deux ou trois élèves de l'atelier Bonnat. Les autres, ils sont une douzaine, et ils seront, disent-ils, vingt-cinq prochainement, les autres appartenaient à d'autres geôles. Que l'incident soit mince, que les écoliers en liberté n'aient voulu se livrer à aucune manifestation, qu'il n'y ait pas encore là de quoi révolutionner le régime artistique sous lequel nous vivons, tout cela est possible, tout cela est vrai. C'est tout de même un fait-divers qu'on n'avait pas eu encore à enregistrer, c'est un petit commencement de la fin, c'est une fine lézarde dans la maçonnerie de la maison du quai, c'est un caillou lancé dans les fenêtres de l'Institut.

Naturellement, ces jeunes gens échappés à un professeur ont eu immédiatement l'idée d'en prendre un autre. Ils ne se sont pas plus tôt trouvés libres, qu'ils n'ont su que faire de leur liberté. Ils ont montré une in-quiétude, ils ont manifesté par leurs allures incertaines qu'il leur manquait quelque

chose. Le prisonnier qui se sauve et le pri
sonnier qu'on pousse dehors, au jour de la
levée d'écrou, ont ainsi une période d'hési-
tation pendant laquelle ils ne savent que
faire, que dire, où aller. Ils promènent leur
cellule avec eux, ils ne se sentent pas en sé-
curité dans l'espace. Le soleil est trop chaud,
il va peut-être pleuvoir, il y a trop d'air, et
le vent est une chose terrible. Comment
résister à tous ces éléments violents et eni-
vrants dont on était déshabitué? Il est tout
naturel que les jambes flageolent, que les
mains tâtonnent en gestes irrésolus, que
l'ivresse de l'atmosphère du dehors monte
aux fronts délivrés. On raconte que Barbès,
au lendemain du 24 Février 1848, mis hors
de sa prison à Tours, ne sut que devenir
jusqu'au moment du départ pour Paris, et
qu'il demanda à passer sous les verrous
cette soirée et cette nuit pendant lesquelles
il aurait pu vaguer par les rues et les
champs. Ainsi, les jeunes artistes qui ont
manqué l'heure du cours n'ont pas su me-
ner jusqu'au bout leur école buissonnière.

Heureusement, ils se sont adressés à un

artiste qui a mieux à faire qu'à jouer au professeur. Eugène Carrière, qu'ils sont allés trouver, à qui ils ont conté leur histoire, à qui ils ont demandé de les réunir et de les aider de ses conseils, Eugène Carrière n'imposera aucune discipline à ces enfants de troupe qui ont rompu les rangs. Ils auraient pu, sans savoir, s'adresser à quelque autre, d'apparences indépendantes, enchanté d'installer une chapelle libre en face de l'église abandonnée, et en réalité, ç'aurait été là, avec tous les affichages violents et tous les drapeaux claquant au vent, une simple succursale de l'École, où la convention du moderne aurait succédé à la convention d'hier. Carrière, qui n'est pas seulement un peintre, qui est un amoureux et un voyant de la vie, saura donner, on peut le croire, un enseignement spécial à ceux qui sont venus gentiment et naïvement vers lui. Il les a félicités, sans doute, de leur départ, et il a accepté leur groupement provisoire. Il leur a dit que rien n'était plus simple que de se réunir pour dessiner, qu'il n'y avait qu'à louer un atelier et qu'à faire venir des modèles, et qu'il consentait volontiers à aller voir ses nouveaux amis de temps en temps. J'imagine volontiers ce que seront ces visites, et je crois entendre les conseils donnés par l'artiste.

Il ne sera pas un pédant corrigeur de dessins, ne donnera pas de notes et de bons points, ne s'emploiera, quand le moment sera venu, que pour mettre en lumière, dans quelque salle d'exposition, les travaux de ses jeunes camarades. Son cours sera surtout une conversation. Chaque fois que ce singulier professeur s'en ira trouver ses élèves, il leur tiendra le même discours familier et profond. Il les forcera à faire cette observation toute simple que les maîtres n'ont pas copié les maîtres, qu'ils n'ont placé aucun modèle de calligraphie artistique entre la nature et eux, mais qu'ils se sont inspirés directement des spectacles qu'ils avaient sous les yeux, que leur vision et leur réflexion se sont acharnées à comprendre la signification des formes et les rapports qui existent entre les choses. Il

leur montrera, par des exemples pris dans
toutes les époques, que le grand art, bizar-
rement érigé en système et en pensum, est
né de la persistance d'observation et de la
force de repliement intime, et qu'il est, plus
que le résultat d'un apprentissage, l'expression suprême de l'individualité. A quoi bon
recommencer ce qui a été fait et définitivement fait, à quoi bon le décalque de l'art
de la Grèce et de l'art de l'Italie? Pourquoi
reprendre en sous-œuvre le Vinci et le Raphaël, pourquoi retravailler dans le vieux,
piocher les procédés, se fatiguer sur l'équilibre de celui-ci et le modelé de celui-là?
C'est se mettre volontairement des œillères,
et mal comprendre l'enseignement des musées et le langage des œuvres de ceux qui
ne sont plus.

Elles ne disent pas, ces œuvres, que l'assimilation du procédé et la réussite de la
copie sont tout. Elles disent tout le contraire. Elles fournissent l'irrécusable témoi-
gnage de la sensation profonde, du contact
permanent avec la nature, de la vie personnelle. Écoutez-les parler, ces maîtres dont

on veut faire des maîtres d'études, écoutez
leurs confidences si fines et si pénétrantes,
écoutez-les chuchoter dans l'ombre et chanter dans la lumière, tous, tous ceux qui ont
eu un approfondissement et un épanouisse-
ment de pensée pendant leur passage de
joie et de souffrance à travers l'existence :
tous diront la même chose, tous s'enten-
dront secrètement par l'affinité de leur génie
pour renvoyer à la mêlée sociale, aux tendresses des sentiments et aux ivresses des
passions, ceux qui demandent un enseignement, qui cherchent inquiètement une inspiration. Cette inspiration, elle est en eux,
cet enseignement, il est dans tout. Pour
ceux qui les chercheront sans cesse et qui
n'aboutiront jamais qu'à de lointaines imitations, qu'à de puériles ressemblances des
autres, pour ceux-là, auxquels le monde
qu'ils habitent restera éternellement fermé
et qui n'entendent pas en eux les comman-
dements d'une voix intérieure, il est bien
inutile qu'ils s'acharnent, qu'ils essayent et
qu'ils ressassent, qu'ils couvrent les murs
d'expositions de leurs redites, qu'ils illu-

sionnent les spectateurs par les exercices de virtuosité de talents qui travaillent à vide. S'ils ne peuvent faire ce qu'ont fait leurs prédécesseurs, s'ils ne peuvent concentrer une conception de l'univers dans un art solitaire, qu'ils se livrent donc aux occupations sociales qui les réclament.

Ce sera là, probablement, le sens des conseils donnés par Eugène Carrière aux élèves en rupture de ban. Il sera le directeur des Beaux-Arts qui supprime la direction des Beaux-Arts, le professeur qui supprime le professorat. Il sera, je pense, d'une ironie impitoyable pour ceux qui imiteraient ses œuvres à lui et qui voudraient entrer dans l'atmosphère de ses tableaux sans en avoir la compréhension, que nul autre que lui ne peut avoir. Il pourra achever la mise en liberté de ces désireux d'indépendance. La manifestation pourrait devenir ainsi très importante. Il y aura eu, en nos années de bureaucratie, de protection administrative, d'encouragement officiel, des élèves suffisamment incorporés dans le personnel de la Centrale des Beaux-Arts, qui auront refusé tous les avantages offerts à ses matriculés par le pénitencier d'État. Ils auront renoncé aux récompenses des heures de cellule, aux distinctions qui vont aux enfermés bien pensants, à l'honorable déportation dans la colonie de Rome, aux agréments qui accompagnent la surveillance de haute police idéaliste pendant toute la vie. Ils ont tiré leur révérence à ceux qui détiennent les cimaises et qui distribuent les commandes pour les mairies et pour les églises. Ils ont voulu marcher par les routes qui leur plaisent, regarder des horizons et des visages ailleurs que dans les musées, respirer le doux air du dehors. Bon courage et bon voyage [1] !

---

(1) Le voyage a été bref, le courage a manqué. Les moutons, m'a-t-on dit, sont rentrés au bercail.

19.

XXI

DÉCORS DE VILLE

12 janvier 1891.

On annonce des démolitions possibles dans le labyrinthe de rues qui enserre le palais et le jardin du Palais-Royal, rues étroites, enchevêtrées, marécageuses. C'est un projet dont la réalisation est encore assez éloignée. Mais ce qui paraît plus proche, c'est l'isolement de Notre-Dame. On a abattu les constructions qui occupaient l'espace entre la place du Parvis et le quai. On va maintenant déblayer l'autre côté, dégager l'église, faire se dresser dans un espace vide les deux tours et le vaisseau. On allègue des raisons d'assainissement qui touchent l'esprit, mais aussi des raisons d'alignement plus difficiles à admettre.

Un monument ne vit pas seulement par sa forme propre, mais aussi par ses entours.

Le temps fournit une couleur à ses pierres,
les tracés de voies et les maisons qui l'avoi-
sinent donnent un aspect particulier et une
signification logique à ses lignes. Les utilitaires qui veulent défricher la baie du Mont
Saint-Michel en vue d'un rapport d'herbages et de légumes ne se doutent pas qu'ils
suppriment le décor nécessaire, de sable
gris et d'horizon de mer, à la merveille
architecturale. Même à leur point de vue
discutable, ces utilitaires vont contre leur
but. Un monument peut être, tout autant
que des champs et des prés, un prétexte de
fortune pour un pays.

La même erreur sur le décor de nature et
de civilisation qui convient à Notre-Dame
paraît devoir être commise. Si le temple
grec, avec ses exactes proportions et ses
détails tout lumineux, est sur son emplace-
ment rationnel au sommet d'une colline et
sur l'avancée d'un promontoire, la cathédrale gothique doit être gardée autant que
possible, par les compréhensifs et les érudits que nous prétendrons être, dans l'amas
de maisons et le dédale de rues d'où ses

inventeurs l'ont fait jaillir. La haute nef et le haut clocher paraissent davantage élevés et ascensionnants dans l'air si les maisons qu'ils dominent se rapetissent davantage et s'aplatissent sur le sol, il ne faut pas être grand clerc pour le comprendre. Sans nul doute, les admirables artistes qui ont équilibré les proportions des mystérieuses nefs, qui ont distribué la lumière et l'ombre avec une telle science sur les rocheuses façades, sans nul doute, ces poètes et ces imaginatifs ont songé à cette augmentation obtenue en hauteur par les bâtisses environnantes. C'est donc enlever un des caractères essentiels de leur œuvre que de la dégager, de la sortir de l'ombre, de l'entourer de larges avenues, de vastes places, de rues tirées au cordeau, de maisons régulières.

Autour du Palais-Royal, que l'on abatte, si l'on veut, ce qui peut rester dans le plan du quartier des sinuosités des rues de l'époque de la Révolution, des constructions du temps de Louis-Philippe. La claire tranquillité du palais et du jardin n'en souffrira

pas. Mais pour Notre-Dame, où le mal est
déjà grand, il faudrait trouver autre chose,
une combinaison qui établisse l'accord entre
le monument et les rues qui le longent, et
qui donne une satisfaction légitime aux
hygiénistes. S'il est des maisons malsaines,
modifiez leur aération, donnez-leur des
cours intérieures. Mais est-il si difficile de
garder en décor sur ce point de Paris, des
maisons basses dont la suite formerait une
rue sinueuse, rampant au pied des gigantes-
ques contreforts? On pourrait bien çà et là,
pour le plaisir, reconstituer certains aspects
de Paris ancien. On se mettrait ainsi d'accord avec l'Histoire d'aujourd'hui, si cher-
cheuse des origines, si soucieuse des phases
traversées par la Patrie. Non, en vérité, plus
on y pense, moins on voit Notre-Dame dans
un paysage industriel équivalent à celui du
Champ-de-Mars.

XXII

LA MANUFACTURE DE SÈVRES

26 juillet 1891.

Forcément, la mort de M. Deck devait mettre en question l'existence de la manufacture de Sèvres. Avant de confier à des mains nouvelles la direction officielle de la céramique, il y avait d'abord à examiner l'état actuel de cette céramique, et à voir si les résultats acquis étaient bien de nature à commander, ou à expliquer, ou à excuser, la conservation de l'établissement où vit une population de fonctionnaires, de savants et de peintres sur porcelaine. L'examen a sans doute été très attentif, très sérieux. Mais on peut douter qu'il ait été satisfaisant. M. le ministre de l'Instruction publique et des Beaux-Arts a voyagé, s'est rendu compte des procédés de fabrication, a reçu des avis divers. Et il a su ne pas prendre vite de décision. C'est sans doute un bon signe, c'est la preuve qu'il éprouve quelque inquiétude devant les vases, les coupes, les plats, les assiettes, qui lui ont été montrés comme les produits définitifs de la chimie et de la peinture appliquées à la céramique nationale.

Mais tout le monde n'est pas obligé aux sérieux examens et aux longues réflexions, et il ne manque pas de gens en place qui sont tout disposés à laisser les choses comme elles sont ou à ne réclamer que des modifications insignifiantes. Il est si facile de passer à côté des choses, il est si habituel que les mouvements de réformes aboutissent à des formules qui ne réforment rien, qu'il n'y a pas à s'étonner des conclusions à l'envers rédigées par les personnages autorisés. Ainsi, les vœux exprimés par le conseil supérieur des Beaux-Arts sur cette question de la manufacture de Sèvres, ces vœux extraordinaires sont bien tels qu'on pouvait les attendre, puisqu'ils ne résolvent rien et répondent à des demandes qui n'ont pas été faites et qui n'ont pas de raison d'être. Voici ces vœux sous forme de cinq articles de programme, tels qu'ils ont été publiés par les journaux :

« 1° Maintien de Sèvres, comme manufacture de porcelaine, en affirmant son caractère d'art.

« 2° Création d'un laboratoire d'étude pour la céramique.

« 3° Création d'une école d'application décorative à la céramique.

« 4° Création d'une école d'application technique à la céramique. »

« 5° Prépondérance de la direction artistique dans les manufactures.

Quelques brèves remarques sur ces cinq articles ne seront pas inutiles. Il ne s'agit pas, en effet, de refaire l'historique tant de fois fait, de la manufacture de Sèvres, de décrire le fonctionnement cahin-caha de la vieille machine. Tout cela, d'ailleurs, est su, archi-su, et il faut maintenant aller aux résumés clairs et aux critiques nettes.

On peut constater d'abord la parfaite concordance du premier et du cinquième articles, et par suite l'inutilité de l'un d'eux. C'est l'indice d'une conception un peu vague. Caractère d'art, direction artistique, c'est vite dit. Il faudrait maintenant s'expliquer. Le conseil supérieur des Beaux-Arts s'explique en effet, dans un autre article. Ce n'est pas dans le deuxième article, qui est, lui, parfaitement inutile, puisque la manufacture tout entière est un laboratoire de céramique, et qu'il n'y a pas à créer ce qui existe. L'article quatrième, par contre, est une énigme. Qu'est-ce qu'une « école d'application technique à la céramique » ? Mystère. Mais c'est dans l'article troisième qu'elle gît, cette bienheureuse explication du caractère d'art qui sera affirmé, de la direction artistique qui sera prépondérante. Réimprimons-le et relisons-le :

« Création d'une école d'application décorative à la céramique. »

Les intentions ne deviennent-elles pas ici transparentes? et n'est-ce pas une simple succursale des écoles d'Art décoratif qu'on a le projet d'installer à Sèvres? En d'autres termes, la principale préoccupation de

MM. les conseillers supérieurs des beaux-arts, c'est la décoration des pièces, c'est l'image qui sera inscrite au flanc du vase et au fond de l'assiette. Ils désirent des sujets correctement dessinés et d'un coloris agréable. Ils souhaitent de la bonne peinture. Et il ne s'est trouvé là personne pour dire que ces considérations étaient bien indifférentes, et que cette décoration du vase, ainsi comprise, est précisément la mystification qui a trop duré, la cause essentielle de la maladie dont meurt la céramique.

. Oui, le dessin, le modelé, l'harmonie des couleurs, ce sont là de précieuses qualités d'art. Mais il ne manque pas d'écoles qui les enseignent ou qui passent pour les enseigner. Où la nécessité d'annexer Sèvres à cet enseignement? Où la nécessité que les peintres viennent peindre sur les vases et sur les plats comme ils peignent sur les panneaux et sur les toiles? De cette peinture-là, il y en a assez comme cela, et jamais, jamais elle ne pourra jouer le rôle décoratif dans la céramique. La belle malice! on va consulter des directeurs d'écoles, des professeurs de dessin, — ils réclament la prépondérance du dessin. Si l'on consultait des chimistes, — ils affirmeraient la toute-puissance de la chimie.

Consultez donc un peu des potiers, puisqu'il s'agit de poterie.

Ceux-là auront quelque raison pour demander que l'art de la terre soit considéré comme existant en dehors des combinaisons scientifiques qui sont des auxiliaires et des ajoutés décoratifs, qui peuvent être des ennemis s'ils sont demandés à des mains ignorantes de la céramique. Il n'y a pas que la porcelaine, dure ou tendre, il y a la faïence, il y a le grès... il y a toutes les terres. Ce sont ces matières variées qu'il s'agit de façonner, c'est pour elles qu'il faut trouver un dessin, un modelé, une coloration. Les formes qu'elles prendront ne seront pas mécaniques et régulières, elles auront, comme toutes les belles pièces de céramique, cette marque spéciale, cet attrait de vie artistique qui est l'empreinte manuelle de l'artisan. La décoration de ces matières, elle n'est pas dans les travaux étrangers et plaqués, indifféremment juxtaposés aux objets, elle est dans la matière elle-même, et c'est l'action du feu qui doit en déterminer les infinies combinaisons. Le feu, voilà le décorateur. Il adopte ou il combat les alliages, il est le maître que doit deviner ou servir le potier. Les commissions, les conseils supérieurs, les esthéticiens, sont impuissants contre ce despote qui gronde et qui flambe, et ils n'auront rien dit, et ils n'auront rien fait parce qu'ils auront décidé qu'on continuera à peindre des figures sur les vases et des paysages sur les assiettes.

XXIII

ENCORE SÈVRES

9 août 1891.

Cette fois, c'est un potier qui intervient dans le débat. C'est mieux qu'un amateur de belle céramique, c'est un artiste qui a mis la main à l'œuvre, qui connaît la matière et le décor pour les avoir pratiqués pendant toute sa vie. Bracquemond, c'est de lui qu'il s'agit, n'est pas seulement le graveur dont la maîtrise est justement célébrée. C'est aussi un potier, et pour être convaincu de sa passion et de son goût, il suffit de l'avoir vu une fois manier une pièce de ses mains heureuses, il suffit de l'avoir entendu disserter sur cet art de terre si humain, si beau, si expressif, et qui est trop oublié aujourd'hui. Mais il ne s'en tient pas à des jouissances d'artiste et de collectionneur. Il aime à dire son opinion et à la motiver, il voudrait intéresser et convaincre, car il voudrait assister à la remise en honneur d'un art qui a occupé sa vie. Il a souvent pris la parole dans des articles spéciaux, de renseignements sûrs et de verve éloquente, et voici qu'il expose l'état de choses actuel et qu'il fournit des conclusions dans une brochure qui a pour titre : *A propos des manufactures nationales de céramique et de tapisserie*. Ce sont, en effet, des réflexions qui s'adaptent à la situation de toutes les manufactures d'art de l'Etat. Mais il suffit, en ce moment où la question de Sèvres est posée, de retenir ce qui a trait le plus particulièrement à la céramique.

La cause principale, pour Bracquemond, de la décadence actuelle de la manufacture de Sèvres réside dans les pratiques admises de l'enseignement du dessin : « Les manufactures sont en mauvais état, dit-il, parce que l'enseignement du dessin est mauvais. » Et il part de la cause pour arriver à l'effet, il mesure exactement le chemin suivi, indique, en quelques lignes, la responsabilité de l'École des Beaux-Arts, de l'État, de l'École nationale des arts décoratifs, de la Ville de Paris. Il constate, sans développements inutiles, — que tous les élèves de l'École des Beaux-Arts s'en vont vers le tableau, vers la statue, vers l'imitation de la bâtisse grecque, — que l'État est sous la tutelle artistique de l'Académie, — que l'École nationale des arts décoratifs constitue, de l'aveu même de ses programmes, une préparation à l'École des Beaux-Arts, —

que l'enseignement donné par la Ville de Paris, avec les meilleures intentions du monde, aboutit au dessin insuffisant et au demi-métier. Et chemin faisant, en quelques lignes nettes, il résume ainsi toutes les défectuosités de ces enseignements semblables :

« L'artiste qui produit un objet n'a pas à se préoccuper de créer un objet décoratif; il doit songer à orner la matière. La matière, ornée comme elle doit l'être, sera forcément décorative. Les choses ne seront décoratives que si elles sont faites d'une certaine manière, que si on a su trouver en elles la beauté logique, savante, naturelle, qui leur est propre. Un plat, un meuble, vont-ils devenir décoratifs par le seul fait qu'un paysage aura été peint sur le plat, que des fleurs auront été sculptées dans le meuble? Mais rien n'est plus facile à faire qu'un mauvais paysage! Et je crains bien que l'École des arts décoratifs ne prépare, en fin de compte, que des paysagistes médiocres. »

Le terrain ainsi déblayé, l'auteur de la brochure examine le fonctionnement des manufactures. Il découvre les résultats logiques de l'enseignement défectueux. Il montre, ce qui est vraiment l'évidence, que tout le dessin appris en vue du tableau et de la statue n'a rien à voir avec la production céramique, qu'il s'agit ici de conditions nouvelles, qu'il faut un modelé spécial, le dessin particulier à chaque art, à chaque manière. Il montre la science installée à Sèvres en maîtresse et méconnaissant le principe fondamental de toute décoration céramique : « *l'affinité absolue entre l'émail recouvrant le corps des pièces et les matières colorantes du décor.* » Et il ajoute :

« La valeur d'art d'une décoration céramique est *indifférente en elle-même*, le décor ne prenant une valeur réelle que par la façon dont les émaux de couverte s en emparent et en développent l'expression. « Le feu fait « fleurir la couleur », disent les potiers... Le dessin, sans valeur propre si on le sépare des pièces décorées, prend tout à coup l'importance d'une artistique combinaison, savamment réfléchie, s'il est favorablement reçu par la matière. Cette action de la matière sur le décor est particulière à la céramique.

« En créant sa porcelaine, Brongniart n'a pas songé à la façon dont elle recevrait le décor, ou plutôt il s'est contenté d'une adhérence superficielle, d'une juxtaposition sans mélange, sans intimité avec le dessous... Pleinement satisfait de la beauté de la porcelaine créée, il n'a pas vu ou, pour dire plus justement, il a regardé comme sans importance les aspects différents pris par la décoration sur les deux porcelaines : l'émail de la pâte tendre s'appropriant complètement les matières colorées, lorsque l'émail de la pâte dure semble les tenir constamment à distance...

« La matière céramique exalte la qualité d'art du décor, ou bien elle atténue et supprime cette qualité jusqu'à rendre revêche à la vue une œuvre ingénieuse et de bonne exécution sur la toile ou le papier.

« Commence-t-on maintenant à apercevoir le mal d'incompréhension et de routine qui est celui de la manufacture de Sèvres ? »

N'est-ce pas la vérité même qui apparaît dans ces lignes ? N'est-ce pas la vérité d'art qu'il est indispensable de mettre en lumière et que tous les enquêteurs officiels et tous les membres de commissions paraissent n'avoir même pas entrevue? Et sur le personnel de la manufacture, n'était-il pas nécessaire aussi que les observations suivantes fussent présentées :

« Pour l'apprentissage dans les manufactures de l'État, il est condamné par ce seul fait que ces manufactures sont moralement obligées de conserver à leur service — par suite de la tournure d'esprit qu'elles leur inculquent — tous les élèves, bons ou mauvais, qu'elles ont formés après les avoir attirés dans leurs ateliers par l'appât d'une rétribution régulière... Pourtant, le programme toujours proclamé était de répartir ces élèves dans l'industrie privée. Il s'agissait surtout d'aider aux perfectionnements de cette industrie privée en lui préparant une élite d'artistes et d'artisans formés par des travaux supérieurs. Au lieu de cela, à quel spectacle assistons-nous aujourd'hui? Ces élèves, il faut les garder, et imaginer des travaux pour les *fonctions d'élèves* qu'on a créées, car leur instruction, malgré le milieu, malgré quelques pratiques locales perpétuées, ne présente aucune spécialité sûrement applicable ni désirée au dehors. »

Et Bracquemond, très fermement, dénonce cette inamovibilité, signale même des cas d'hérédité, met en lumière ce fait extraordinaire que les remplacements ont lieu par vacations de fonctions, et que toutes les fonctions datent de la fondation de la manufacture, et finalement imagine ce petit discours, justifié par les faits, que pourrait prononcer chacun des membres de ce personnel éternel au lendemain de sa nomination :

« Pendant trente ans, j'ai le devoir et le droit, reconnus, d'exprimer le genre de ma fonction. Ce genre a plu dans le passé par mes devanciers. En le continuant, je m'efforce à plaire dans le présent. Et il devra plaire dans l'avenir par mes successeurs. Laissez-moi tranquille avec vos innovations ! »

Il conclut contre les tableaux et les statues exécutés sous prétexte de céramique par des peintres et des sculpteurs, il désire que les manufactures ne soient pas des centres d'apprentissage, mais des ateliers de réalisation ouverts à tous. Il se prononce pour la conservation de Sèvres, à la condition de liquider le passé, et de laisser l'art et non la science diriger cette manufacture d'*art*. Il veut l'emploi de *toutes* les matières de la poterie. Il se prononce contre l'intervention de l'administration supérieure des beaux-arts, — il ose demander que la poterie soit faite par des potiers ! C'est bien simple, et peut-être pourtant cette humble requête va-t-elle être considérée comme une énormité !

XXIV

LA GRATUITÉ DES MUSÉES

18 décembre 1891.

Eh bien ! oui, décidément, la commission du budget, qui a voté le maintien de la gratuité absolue des entrées dans les musées, a bien voté. L'exemple de certaines galeries ne lui a pas paru suffisant. A Florence, on a bien constaté un produit de 80,000 francs par an. Mais à Londres, 26,000 francs seulement. Et à Madrid, 5,000 francs ! Supposons qu'à Paris on dépasse le chiffre le plus élevé, qui est celui de Florence, et que la recette prélevée sur les étrangers, les provinciaux et les Parisiens de bonne volonté soit de 100,000 francs Voilà-t-il pas un grand avantage, capable de nous faire oublier les inconvénients des tourniquets nationaux ! Ce serait, dit-on, un impôt volontaire. Alors, fixez un tronc à la porte du Louvre. Ceux qui pourront et voudront payer cet impôt le payeront. Le tronc, soit. Le tourniquet, non. Le tourniquet, ce n'est pas la taxe volontaire, c'est la taxe forcée, c'est l'impôt redoublé. Le contribuable la paye déjà, son entrée au Louvre. Il est injuste, il est inadmissible qu'on la lui fasse payer à nouveau.

La raison pour laquelle ce beau projet est

parfois remis en discussion, c'est la création nécessaire d'une caisse des musées. Là-dessus, tout le monde est d'accord. Les ressources dont nous disposons pour l'achat d'œuvres d'art sont, paraît-il, insignifiantes. Il faut bien le croire, puisque nous avons vu dernièrement l'État français donner 4,000 francs du portrait de la mère de Whistler, alors que la seule ville de Glascow dépensait 25,000 francs pour le *Carlyle*, du même grand artiste. C'est le fait le plus récent, et l'on pourrait, n'est-ce pas, en citer d'autres, où non seulement on n'a pas pu trouver 4,000 francs, mais où l'on n'a pu rien trouver du tout. C'est à une telle situation que l'on veut remédier.

M. le ministre de l'instruction publique s'est employé très vivement auprès de la commission du budget pour obtenir d'elle une décision enfin favorable et pratique. Mais il proposait précisément cette adoption de l'entrée payante dans les musées qui a été repoussée par la commission, et qui sera repoussée, il faut l'espérer, par la Chambre. On ne s'arrêtera pas aux quelques billets de mille francs qui pourront être laissés ici par les clients des agences Cook, et on continuera d'offrir au monde l'hospitalité des chefs-d'œuvre. Nous ne les avons pas tous acquis bien correctement, il faut bien le dire, et il serait peut-être excessif de faire payer à des Italiens la vue des toiles que nous avons emportées un peu brutalement de chez eux, après des batailles heureuses et des entrées triomphales dans les villes. Ceci incidemment rappelé. Mais l'essentiel est que nous puissions tous continuer à entrer dans nos musées aux jours qui nous conviennent. Nous sommes là chez nous. Ne payons donc pas pour entrer chez nous.

Et la caisse? Et les achats d'œuvres d'art, dira-t-on?

Voici :

D'abord, la commission, qui a donné tort au ministre sur le procédé, lui a donné raison quant à la réclamation dont il se faisait le porte-parole, et c'est là l'essentiel. Ici, la Chambre fera bien de ratifier, puisque c'est la solution désirée. La commission du budget augmente le crédit annuel inscrit pour acquisitions d'objets d'art. Elle l'élève de 200,000 francs à 500,000 francs, ce qui n'est pas peu de chose, et — ceci est l'important — *avec faculté de report d'un exercice à l'autre des sommes non employées.* C'est là ce qui était réclamé depuis des années et des années, c'est là ce qui est enfin admis. L'entrée payante dans les musées n'a donc plus de raison d'être.

Et maintenant, qu'une dernière réflexion soit permise. Décider qu'on achètera des œuvres d'art, c'est bien. Mais acheter des œuvres d'art qui soient véritablement des œuvres d'art, ce serait mieux encore. Il est impossible de ne pas être frappé d'un fait, c'est que, si minimes qu'aient été les ressources jusqu'à présent, et malgré l'annulation des crédits non employés, la quantité des œuvres d'art acquises par l'État est, chaque année, CONSIDÉRABLE! Les musées regorgent. Le Luxembourg est un magasin encombré, un déversoir des salons annuels. A chaque instant, des ballots de peinture sont dirigés sur les départements. Dans tous les squares, sur toutes les places, il y a des statues, et des statues qui ne sont pas souvent, hélas! la joie des yeux qui les regardent. On achète donc beaucoup d'œuvres d'art, et on en achète beaucoup qui sont des œuvres médiocres. Si les augmentations de crédits doivent amener une augmentation du nombre des toiles quelconques et des statues inutiles, c'est à faire frémir. Nous en avions pour 200,000 francs! Nous allons peut-être en avoir pour 500,000 francs! Cinq cent mille francs! Ce serait abominable, vraiment! Et dire que la bonne peinture coûte moins cher, oh! beaucoup moins cher, que la mauvaise!

XXV

UNE PENSÉE DE PASCAL

23 janvier 1891.

Pascal a fourni le sujet de concours du prix Bordin à l'Académie des Beaux-Arts :

« Démontrer l'erreur ou la vérité contenue dans l'exclamation suivante de Pascal :
« *Quelle vanité que la peinture, qui attire*
« *l'admiration par la ressemblance des choses*
« *dont on n'admire pas les originaux !* »

Les mémoires ont été déposés, il y en a
soixante et un, et l'on peut, sans prétendre
au prix Bordin, fournir une interprétation
et essayer de penser à la suite de Pascal.
Tout d'abord, la ponctuation doit être ré-
glée. Selon qu'il y aura ou non une virgule
après le mot peinture, le sens de la phrase
va changer. Quelle vanité, déjà, que la réflexion ainsi diminuée ou oblitérée parce
qu'un petit signe d'imprimerie se sera
perdu à travers les siècles par la négligence
d'un correcteur ! Dans le texte publié par
les journaux, elle n'y est pas, la virgule.
Il s'agirait donc, très clairement, de la
« peinture qui attire l'admiration par la
ressemblance des choses dont on n'admire
pas les originaux ». C'est-à-dire une certaine peinture préoccupée de reproduire
exactement des spectacles indignes d'être
reproduits. Pascal, si cette interprétation

prévalait, aurait parlé là en homme du xvii° siècle, féru de décorations pompeuses, de rhétoriques extra-naturelles, des festons et des astragales de son époque. Il aurait localisé son opinion, examiné spécialement une tendance picturale, griffonné en passant la critique d'un genre. Ce serait l'équivalent, et rien de plus, du mot de Louis XIV devant les Téniers : « Otez de là ces magots », une simple remarque sur le réalisme, sur les scènes populaires, sur les douleurs et les joies des humbles, sur la petite humanité vivant sa vie obscure loin des regards superbes, et tout à coup éclairée par le coup de lumière de l'art.

L'admirable écrivain, l'aristocrate et le souverain de la pensée, le méditatif solitaire, Blaise Pascal, aurait donc été d'un pays et d'un temps, se serait trouvé contaminé, sur un point de sa puissance cérébrale, par la contagion d'un préjugé contemporain. C'est peu probable pourtant, et sans savoir si la pensée examinée a été écrite avant, pendant ou après la période de dandysme de

Pascal, un tel grand esprit doit bénéfi-
cier du doute. L'utile virgule est en effet
présente dans les éditions des *Pensées* où se
montre un soin typographique. Il y a un
arrêt après le mot peinture, il ne s'agit plus
d'une observation restreinte, mais de l'une
de ces généralisations dont le génie de Pascal est coutumier. C'est à tout l'art qu'il
s'en prend, et non aux réalisations particulières des Flamands ou des frères Lenain.
Il a pu trouver son point de départ dans la
vie de tous les jours, être frappé par ce fait
que les mêmes indifférents, qui restent sans
émotion devant l'expression d'un visage
rencontré, d'un paysage entrevu, peuvent
devenir brusquement des enthousiastes devant le même aspect de nature et la même
physionomie transportés de la réalité dans
l'illusion, évoqués sur une toile par le dessin et la couleur d'un artiste.

Pascal ne veut pas s'apercevoir de l'importance du phénomène alors accompli.
L'artiste ne devient-il pas le montreur de
ces choses qu'on n'admirait pas dans leur
état original ? Il les révèle aux passants, à

ces indifférents de tout à l'heure, devenus maintenant des enthousiastes. Lui, l'artiste, il les admirait, ou, plus simplement, il les voyait, et il les voyait avec ses yeux, il les comprenait avec sa compréhension, qui ne sont pas les yeux et la compréhension de tous. Son rôle en ce monde est de raconter le monde, de faire apercevoir la fugitive existence, de divulguer, tout impuissant qu'il est à l'expliquer, la mystérieuse sensation éprouvée au spectacle des décors changeants et des formes passagères. L'œuvre d'art est une initiation.

Sans doute, quelques-uns, qui ne produisent pas l'œuvre d'art, s'initient eux-mêmes. La vie peut être ressentie au plus profond de l'être par des inactifs qui sont à eux-mêmes leurs propres poètes. Dans leur esprit chante une voix secrète, dans leur imagination le tableau s'évoque. Les créatures qu'ils rencontrent leur deviennent des apparitions. La nature qu'ils traversent se multiplie pour eux en mirages. Est-ce à dire que pour ceux-là l'œuvre d'art soit non avenue, le double inutile de l'impression reçue? Comme si l'impression de l'un pouvait être exactement l'impression de l'autre, comme si les manières de sentir n'étaient pas à l'infini! Non, que l'on n'admire pas ou que l'on admire les originaux, les œuvres d'art gardent leur beauté rare, leur beauté unique. Elles sont à la fois, faites d'après la vie, et en dehors de la vie. Elles se différencient de l'univers par cette seule raison que l'individu se différencie de l'ensemble. L'homme qui a les yeux ouverts sur le monde, qui le voit pour lui, qui se l'approprie par reflet, cet homme est un créateur. L'artiste est le créateur qui ne peut résister à l'instinct qu'il porte en lui et qui réalise sa création par des mots ou par des formes. Plus la nature sera présente dans son œuvre, et plus il ajoutera sa personne à cette nature, plus son œuvre sera précieuse et grande. C'est diminuer l'art que de parler seulement de la ressemblance des choses, puisque c'est en défalquer l'artiste. Pascal aurait dit vrai si la peinture n'avait pour raison d'être que l'exacte imitation. Alors en effet, à quoi bon? Mais, encore une fois, si l'œuvre d'art n'est pas plus belle que la nature pour qui voit la nature, de quelle beauté suprême ne se revêt-elle pas si on veut la considérer pour ce qu'elle est, la preuve de notre perpétuelle inquiétude, de notre insatiable désir de comprendre !

Si c'est la vanité de l'art que Pascal a voulu fixer en trois lignes, si c'est l'illusion de l'homme qu'il a transpercée de sa phrase acérée et incassable comme un glaive de diamant, il a sans doute hautement et lamentablement raison. Mais s'il a raison, pourquoi son effort, son soin littéraire, pourquoi son art ?

Il semble que Voltaire ait trouvé, dans cette pensée de Pascal, à une époque où il n'y avait pas de prix Bordin, le texte de l'un des chapitres de *Candide*, le chapitre xxv : *Visite chez le seigneur Pococurante, noble venitien.* Ce sénateur, habitant du beau palais sur la Brenta, et qui passe pour être un homme qui n'a jamais eu de chagrin, parle avec une parfaite désinvolture de tous les trésors d'art qu'il a amassés chez lui.

Candide admire deux tableaux : « Ils sont de Raphaël, dit le sénateur; je les achetai fort cher par vanité, il y a quelques années ; on dit que c'est ce qu'il y a de plus beau en Italie, mais ils ne me plaisent point du tout : la couleur en est très rembrunie, les figures ne sont pas assez arrondies et ne sortent point assez : les draperies ne ressemblent en rien à une étoffe : en un mot, quoi qu'on en dise, je ne trouve point là une imitation vraie de la nature. Je n'aimerai un tableau que quand je croirai voir la nature elle-même : il n'y en a point de cette espèce. J'ai beaucoup de tableaux, mais je ne les regarde plus. »

Sur la musique : « Ce bruit, dit Pococurante, peut amuser une demi-heure ; mais, s'il dure plus longtemps, il fatigue tout le monde, quoique personne n'ose l'avouer. La musique aujourd'hui n'est plus que l'art d'exécuter des choses difficiles, et ce qui n'est que difficile ne plaît point à la longue. » Il ajoute, sur la musique d'opéra, qu'il a renoncé depuis longtemps à ces pauvretés, qui font la gloire de l'Italie, et que des souverains payent si chèrement.

On visite la bibliothèque, on s'arrête devant un Homère magnifiquement relié : « Voilà, dit Candide, un livre qui faisait les délices du grand Pangloss, le meilleur philosophe de l'Allemagne. — Il ne fait pas les miennes, dit froidement Pococurante ; on me fit accroire autrefois que j'avais du plaisir en le lisant ; mais... tout cela me causait le plus mortel ennui. J'ai demandé quelquefois à des savants s'ils s'ennuyaient autant que moi à cette lecture ; tous les gens sincères m'ont avoué que le livre leur tombait des mains, mais qu'il fallait toujours l'avoir dans sa bibliothèque... » Virgile, Horace, Cicéron, Milton, ouvrages scientifiques, pièces de théâtre, recueils de sermons, volumes de théologie, subissent des appréciations aussi simples et aussi définitives. « Je me serais mieux accommodé de ses œuvres philosophiques, dit le Vénitien à propos de Cicéron qu'il vient d'annuler comme faiseur de plaidoyers, mais, quand j'ai vu qu'il doutait de tout, j'ai conclu que j'en savais autant que lui et que je n'avais besoin de personne pour être ignorant. »

Il n'empêche que Voltaire a écrit ce chef-d'œuvre de *Candide*, et ce délicieux chapitre xxv, pour prouver l'inutilité de tous les livres. Et son livre, à lui, n'ira-t-il pas aussi dans la bibliothèque de Pococurante? Et la phrase de Pascal n'est-elle pas aussi belle, aussi travaillée que l'œuvre qu'elle proclame superflue? Quelle vanité que la peinture, quelle vanité que l'art! Soit! Mais il ne faut pas s'arrêter en route. Quelle vanité que tout! Quelle vanité que l'amusement supérieur de Voltaire! Quelle vanité que la désespérée ironie de Pascal! « Seul le silence est grand, tout le reste est faiblesse », a dit de Vigny, — qui ne se taisait pas!

INDEX ALPHABÉTIQUE

A

Abram, 188.
Adelsward, 188.
Alasonière, 224.
Alexandre (Arsène), 71,
Allongé, 320.
Angrand, 304, 308.
Anquetin, 178, 204, 282, 309.
Atkinson, 188.
Aubé, 221, 249.
Aublet, 196.

B

Baffier, 178, 223, 249, 287.
Balzac (H. de), 16.
Barau, 214, 247, 284.
Barbès, 327.
Barbey d'Aurevilly, 76, 82.
Barck, 188.
Barrias, 221.
Bartholdi, 243.

Bartholomé, 250, 289 à 291.
Baude, 224.
Baudelaire, 226, 270.
Bellanger, 188.
Bendheim, 172.
Béraud, 178, 196, 249.
Bergeron (Eugène), 188.
Bergeron (Henri), 188.
Berria-Blanc (Mme), 303.
Berton (Armand), 257.
Besnard, 141, 178, 200, 247, 281, 313, 314, 320, 321, 322.
Besnard (Mme), 178, 224, 288.
Binet (Victor), 215, 247, 284.
Bing (S.), 113, 114, 127, 132.
Blanche (Jacques), 198, 247, 281, 313, 320, 322.
Boldini, 198, 313.
Bonington, 64.
Bonnard (Pierre), 310.
Bonnat, 150, 178, 238, 249, 325.

Boudin, 213, 247, 284.
Bouguereau, 113, 140, 150, 176, 237, 249.
Bouilhet (Henr), 113.
Bouillé, 188.
Bourdelle, 250, 288.
Bourgeois (Eugène), 135, 188.
Bourgeois (Léon), 135, 338, 354.
Bourget (Paul), 322.
Bracquemond, 16, 74. 285, 314, 323, 345 à 352.
Bracquemond (Mme), 323.
Breslau (Louise), 212, 282.
Breton (Jules), 148.
Brispot, 152.
Bronzino, 197.
Brown (John-Lévis), 212, 322.
Buhot, 314.
Buland, 152.
Bunny, 171.
Burty, 114, 131, 132.

C

Cabuzet, 188.
Callac (Mlle), 188.
Carabin, 250, 289.
Carlyle, 74, 277.
Carnot (Sadi), 150.
Carpaccio, 19.
Carrière (Eugène), III, IV à XVI, 29 à 37.74, 141, 148, 177, 207 à 212, 246, 248 à 260, 315, 328, 332.
Carrière (Ernest), 204.
Cassatt (Mary), 316, 323.
Caullvine, 172.

Cazin, 74, 141, 177, 213 247, 284, 320.
Cazin (Mme), 178, 223.
Chalon, 236.
Challemel-Lacour, 196.
Chaplet, 250.
Chaplin, 151.
Chapu, 222, 241.
Charlet, 61.
Charpentier, 249, 288.
Chaudey, 189.
Chéret, 313, 314, 323.
Chintreuil, 190.
Choisnard, 189.
Choquet, 189.
Christie, 172.
Cicéron, 365.
Cimabue, VII.
Clavel, 189.
Clemenceau (Georges), 114, 135.
Collin (Raphaël), 152, 239.
Constable, 64.
Constant (Benjamin), 148.
Coquelin ainé, 249.
Coquelin cadet, 199.
Coquelin jeune, 249.
Cormon, 157, 239.
Corot, 64, 186.
Crauck, 221.
Cuvillier (Henri), 310.

D

Dagnan-Bouveret, 249, 313, 322.
Dalou, 178, 223, 249, 287.
Damoye, 214, 247.
Dampt, 249.
Daudet (Alphonse), VIII, 246, 258.

Daumier, 223.
Dautrey, 224.
Deck, 250, 338.
Degas, 74, 142.
Delaunay (Elie), 320.
Delacroix, 58, 64, 236.
Delaherche, 250.
Delaplanche, 221, 242.
Denis (Maurice), 310.
Desbois, 178, 223, 249, 287.
Desboutin, 15, 204, 224, 282, 285, 314, 323.
Desca, 222.
Desgoffe, 149.
Detaille, 151, 321.
Dewillez, 178, 223.
Dillon, 170, 224.
Doan, 102.
Dolent (Jean), VIII.
Doublemard, 221.
Doucet, 151, 322.
Dubois (Paul), 221.
Dubois-Pillet, 306.
Dubufe, 322.
Ducz, 178, 196, 249.
Duran (Carolus), 178, 187, 249.
Durand-Ruel, 22, 129.
Duret (Théodore), 74, 79, 269, 271, 275.
Durst, 284.

E

Eliot, 322.
Escoula, 249.
Ewen, 170.

F

Falguière, 220, 242.
Fantin-Latour, 160, 163, 176, 238, 323.
Fénéon (Félix), 309.
Focillon (Victor), 225.
Forain (J.-L.), 74, 178, 201 à 204, 313, 314, 322.
Fouace, 170.
Fourcaud, 63.
Fragonard, 204.
Frémiet, 222, 242.
Frédéric (Léon), 282.
Friant, 249.

G

Gabriel, 190.
Gallé, 250.
Galles (Prince de), 76.
Garnier, 221.
Gauguin (Paul), 74.
Gautier (Amand), 169, 239.
Gavarni, XII.
Gay (Walter), 171.
Gérôme, 147, 222, 238, 249, 320.
Gervex, 196, 249.
Gigoux (Jean), 238.
Gillot (Ch.), 114.
Gladstone, 76.
Gleyre, 74.
Gogh (Vincent Van), 305, 306.
Goncourt (E. et J. de), 3, 185, 196.

Goncourt (Edmond de), 114, 124, 223.
Gonse (Louis), 114.
Gosselin (Albert), 190.
Goya, XV.
Gros, 61, 297.
Gautereau (Mme), 197.
Gausson (Léo), 310.
Guéami, 104.
Guillaume, 221.
Guérard, 224, 285, 314, 323.
Guillaumet, 221.
Guillaumin, 305, 310.
Guimet, 114.
Guthrie, 171, 239.

H

Haig, 224.
Hall (Richard), 172.
Harpignies, 190, 239, 321.
Helleu, 322.
Henner, 151, 237, 249.
Hiroshighé, 109, 120, 135.
Hodler (Ferdinand), 283.
Hokusaï, 105, 107, 109, 110 à 112, 115, 117, 120, 122 à 131, 135.
Homère, 365.
Horace, 365.
Hugo (Victor), 67 à 70, 221.
Hugo (Georges), 196.

I

Injalbert, 68, 221, 250.
Ingres, 198.
Irving, 76.
Isabey, 62.
Israëls (Josef), 178, 221, 282.

J

Jean (Aman), 239.
Jeanniot, 212, 247.
Jongkind (J.-B.), III, 61 à 67.
Joyant, 74.
Julian, 168.

K

Kano (Les), 102, 103, 104.
Keishoki, 102.
Kiyonaga, 107, 108, 120, 128.
Klinger (Max), 285.
Kooreman, 172.
Korin, 105, 128, 135.
Kounisada, 106.
Kouniyoshi, 107, 128.
Kratké, 224.
Kuchl, 282.

L

La Fontaine, 314.
Lassus, 368.
La Tour, V.
Laurens (J.-P.), 147, 235.
Lauzet, 285.
Le Blant (Julien), 148.
Lebourg, 214, 247, 284.
Lee (W.), 171.
Lefebvre (Jules), 152, 153, 154, 237, 242.
Legros, 323.
Lemaire (Madeleine), 322.
Lemmen, 304.
Lenain (Les frères), 360.

Lenoir, 178, 223, 250, 288.
Lepère, 314.
Lépine, 247, 284.
Leroux (Ernest), 132.
Léveillé, 224.
Lhermitte, 214, 247.
Liebermann, 178, 212, 282.
Lobre, 247.
Lobrichon, 149.
Luce (Maximilien), 309, 323.
Luminais, 149.
Lunois, 224, 314.

M

Maignan, 156, 237.
Malherbe (Michel), 178, 223.
Manet (Édouard), III, 14 à 22, 74, 142, 322.
Marchal, 247, 285.
Mariette, 9.
Marqueste, 221.
Martin (Henri), 156.
Marx (Roger), 114.
Massayoshi, 108, '28, 135.
Maurin (Charles), 169.
Meissonier, 56 à 61, 113, 140, 150, 176, 216, 287.
Menard (E. René), 170, 282.
Mettling, 170.
Meunier (Constantin), 178, 204, 223, 249, 288.
Mercié (Antonin), 221, 242.
Michelet, 236.
Millet, 224.
Milton, 365.
Mirabeau, 71.
Molière, 146.
Monchablon (Jan), 190.

Monet (Claude), III, 14, 22 à 29, 64, 74, 185, 310.
Montefiore, 114.
Morice, 221.
Morin (Louis), 314.
Moronobou, 115, 120, 128.
Motonobou, 104, 128.
Mullem (Louis), XI.
Munkacsy, 152, 237.

N

Naonobou, 104.
Napoléon, 59.

O

Okio, 108.
Outagawa (Les), 106.
Outamaro, 107, 108, 115, 119 à 122, 128, 135, 316.

P

Paris (Auguste), 243.
Pascal (Blaise), 357 à 365.
Pelez, 148.
Petitjean, 101.
Picard (Louis), 282.
Pissarro (Camille), III, 38 à 46, 64, 74, 180, 316, 317, 323, 324.
Pissarro (Lucien), 304, 309, 323.
Pointelin, 191.
Puvis de Chavannes, III, 141, 142, 176, 178, 217 à 220, 240, 248, 250 à 255, 285, 286.

Proust (Antonin), 114, 199.
Prudhon, 260.

Q

Quost, 191.

R

Raffaëlli (J.-F.), III, 47 à
56, 74, 247, 250, 261 à
265.
Raffet, 61.
Raphaël, VII, 364.
Ravaisson, 10.
Redon (Odilon), 315, 323.
Reinach, 196.
Rembrandt, 197.
Renan (Ary), 247, 284.
Renoir, III, 161, 163, 176.
Renouard, 314.
Ribot, 178, 217, 247, 278 à
280.
Ringel, 178, 224.
Rioux de Maillou, 282.
Rivière (Henri), 315, 323.
Rochegrosse, 236.
Rodin, III, 67 à 73, 178,
224, 225 à 229, 249, 285,
315.
Roll, 198, 200, 281.
Ronsard, 226.
Rosny (Léon de), 92.
Rougé (De), 4.
Rubens, I.
Ruskin, 77.
Rysselberghe (Théo Van),
305, 308.

S

Saint-Victor (Paul de), 11,
13.
Sarasate (Pablo de), 74,
276.
Sardou, 236.
Sargent (John), 178, 197.
Scheffout, 62.
Schenck, 149.
Schiuboun, 102.
Schlaich (Alfred), 214.
Schoen (Martin), V.
Serret, 285.
Servat, 250.
Sesshiu, 101.
Seurat (Georges), 304, 306,
307, 308.
Seymour-Haden, 323.
Signac, 304, 308.
Sinding (Stephan), 242.
Sisley, 215, 247, 283, 323.
Soami, 105.
Sosen, 135.
Spuller, 196.
Stevens (Alfred), 247, 280.
Storm de Gravesande, 314.

T

Taigny (Edmond), 114.
Tanyu, 104.
Thierry (Augustin), 104,
148.
Thiers (Adolphe), 145.
Tillot (Ch.), 114.
Tissot, 322.
Titien, 19.

Tosa (Les), 102.
Toulouse - Lautrec , 305 , 309.
Toyoharu, 106.
Toyohiro, 106.
Toyokouni, 106.
Tsunenobou, 104.
Turcan, 242.
Turner, 64.

U

Uhde (de), 282.

V

Velasquez, XI, 222.
Verlaine (Paul), VIII, 246, 257, 311.
Véronèse, 19.
Vever (H.), 114.
Vibert, 145.
Vierge (Daniel), 285.
Vignon, 314, 323.

Vigny (A. de), 366.
Vinci, 6, 260.
Virgile, 365.
Vollon, 149.
Voltaire, 363, 366.

W

Watteau, I, XII.
Wentzel, 171.
Whistler, III, 73 à 85, 157 à 160, 163, 176, 246, 248, 266 à 278, 354.
Willumsen, 309.
Worms, 151.

Y

Yassunobou, 104.
Yon, 191.

Z

Zorn, 315.

TABLE

DÉDICACE à Maurice Hamel.
PRÉFACE d'Edmond de Goncourt.
I.   Le sarcophage égyptien.   1
II.   Les bras de la Vénus de Milo.   10
III.   Olympia   14
IV.   Les meules de Claude Monet   22
V.   Eugène Carrière.   29
VI.   Camille Pissarro   38
VII.   Raffaëlli peintre-sculpteur.   47
VIII. Meissonier   56
IX.   J.-B. Jongkind   61
X.   Le monument de Victor Hugo.   67
XI.   Whistler   73
XII.   Maîtres japonais   85

      § I.   Les paysagistes.   85
      § II.   Le Japon à l'école des Beaux-
             Arts.   112
      § III. Outamaro.   119
      § IV. Hokusaï.   122
      § V.   Hokusaï à Londres   126
      § VI. A propos de la vente Burty. . .   131

XIII.   SALON DE 1890

Aux Champs-Élysées et au Champ-de-Mars .
      § I.   Premier vernissage   136
      § II.   La convention de la peinture. .   140
      § III. Toiles grande largeur   152

§ IV.   Deux nocturnes de Whistler. .   157
§ V.   Fantin-Latour. — Renoir . . .   160
§ VI.   Le Bottin de la peinture   163
§ VII. Deuxième vernissage.   172
§ VIII. Les paysagistes.   179
§ XI.   Mondanités   191
§ X.   Eugène Carrière.   205
§ XI.   Figures et paysages.   212
§ XII. Puvis de Chavannes.   217
§ XIII. La sculpture.   220
§ XIV. Rodin.   225

XIV.   SALON DE 1891
Aux Champs-Élysées et au Champ-de-Mars.
       § I.   La peinture au Palais de l'In-
                dustrie.   229
       § II.   La sculpture.   239
       § III.   Au Champ-de-Mars.   243
       § IV.   Puvis de Chavannes.   250
       § V.   Eugène Carrière.   255
       § VI.   J.-F. Raffaëlli.   261
       § VII.   Whistler.   266
       § VIII. Figures et paysages.   278
       § IX.   La sculpture   285
XV.   Refusé au salon.   291
XVI.   Illusions et recherches d'art.   298
XVII.   Les Indépendants.   306
XVIII. Pastellistes et peintres-graveurs.   312
XIX.   Modes de Paris.   318
XX.   Hors de l'École.   325
XXI.   Décors de ville.   334
XXII.   La manufacture de Sèvres.   338
XXIII. Encore Sèvres   344
XXIV.   La gratuité des musées.   352
XXV.   Une pensée de Pascal.   357
Index alphétique.   367

Paris. — Imp. PAUL DUPONT, 4, rue du Bouloi (Cl.) 26.7.92.